PRAXIS ideen
Schriftenreihe für Bewegung, Spiel und Sport

Sportspiele

Aufwärmen mit dem Ball

2. Auflage

Hugo Scherer

hofmann.

Bibliografische Information Der Deutschen Bibliothek
Die Deutsche Bibliothek verzeichnet diese Publikation in der Deutschen Nationalbibliografie; detaillierte bibliografische Daten sind im Internet über http://dnb.ddb.de abrufbar.

Bestellnummer 0182

2. Auflage 2013

Erschienen als Band 18
der PRAXISIDEEN – Schriftenreihe für Bewegung, Spiel und Sport.

Grafik, Layout und Satz: KHC-Design

Druck: Druckerei Djurcic, 73614 Schorndorf
Printed in Germany · ISBN 978-3-7780-0182-0

INHALT

Kapitel

1

Vorwort

Aufwärmen mit dem Ball

Bedeutung und Funktion des Aufwärmens

Ablaufmodell

Zum Praxisteil

Vorwort

Beim Schreiben dieses Buches musste ich immer wieder an meine Kindheit zurückdenken. Dabei schweiften meine Gedanken fast immer zu den Betätigungen zurück, die wir damals täglich stundenlang in unserer Freizeit mit viel Eifer und großer Freude betrieben haben. Natürlich „spielten" wir in dieser Zeit auf die unterschiedlichste Weise Sport.

Kindheitserinnerungen

Wir bolzten auf irgendeiner Wiese in Kleingruppen und nach eigenen Spielregeln Fußball, spielten „Räuber und Gendarm" auf der Straße, führten selbst erfundene Fangspiele im Hinterhof durch, rodelten, fuhren Ski, Schlitt- und Rollschuh, ließen Steine übers Wasser „tanzen", spielten Hockey mit selbst gebastelten Schlägern und waren wunschlos glücklich. Und dies, obwohl wir damals unsere Sportgeräte oft selbst erfanden und dann zusammenbauten oder diese meist sehr einfach konstruiert waren. Wie oft habe ich meine Schlittschuhe an meine alten Skischuhe geschraubt und wie oft lösten sie sich wieder bzw. die Sohle der Skischuhe ging zu Bruch.

Nicht wenige dieser sportlichen Kindheitserinnerungen sind in diesem Band mit eingebunden, allerdings unter den heute leider bewegungsarmen und zum Teil auch kinderfeindlichen Voraussetzungen. Ein Hauptanliegen des Buches ist es daher, das „verlorene sportliche Paradies" wieder ein wenig in die Sport- und Spielstunden sowie in die Freizeit unserer Kinder zurückzuholen. Lehrer, Übungsleiter und alle die in der Schule, im Verein und in der Freizeit mit Kindern arbeiten, sollen Anregungen erhalten, diese „freie sportliche Wildbahn" so in die Sporthallen, auf die Sportplätze und die Spielwiesen zu übertragen, dass Kinder wieder mit mehr Freude, Spaß und Leidenschaft Sport treiben. Weiterhin soll Erziehern Mut gemacht werden, selbst Spiel- und Übungsformen zu erfinden, die unsere Kinder auf der „sozialen Spielwiese" gut auf ihr späteres Leben vorbereiten. Gerade diese Vorgehensweise kann besonders interessant und spannend sein.

Bedeutung und Funktion des Aufwärmens

Im Folgenden wird versucht, möglichst kurz und einfach die wichtigsten Kriterien des allgemeinen Aufwärmens zu beschreiben. Die Darstellungen orientieren sich an der trainingswissenschaftlichen Literatur und spiegeln langjährige eigene Erfahrungen in der Schule und im Verein wider.

Begriffs- und Zielbestimmung

Das Aufwärmen dient der Erhöhung der Leistungsfähigkeit bzw. Leistungsbereitschaft biologischer (neuromuskuärer und organischer) Systeme, der seelisch-geistigen Einstimmung, der Verletzungsvorbeugung und der pädagogischen Vorbereitung auf die Inhalte des Hauptteils der Unterrichts- bzw. Trainingsstunde. In den Fachpublikationen finden sich vor allem zwei *Definitionen* des Aufwärmens:

Aufwärmen muss sein!

1. „Unter Aufwärmen werden alle Maßnahmen verstanden, die vor einer sportlichen Belastung – sei es für das Training oder für den Wettkampf – der Herstellung eines optimalen psycho-physischen und koordinativ-kinästhetischen Vorbereitungszustandes sowie der Verletzungsprophylaxe dienen“ (Weineck, 2002, S. 645).
2. „Unter Vorbereitung (Aufwärmen) verstehen wir das optimale Einstellen des Sportlers auf das Lösen bestimmter Aufgaben mit Hilfe von Körperübungen sowie durch psychologisches und pädagogisches Einstimmen“ (Harre, 1973, S. 231).

Vergleicht man die beiden Definitionen – die aktuelle von Weineck und die etwas ältere von Harre – miteinander, dann wird deutlich, dass Weineck den Schwerpunkt auf die biologischen und psychischen Systeme sowie die Verletzungsprophylaxe legt, während Harre anstelle der Verletzungsprophylaxe den pädagogischen Aspekt hervorhebt.

Arten des Aufwärmens

Der Begriff des Aufwärmens wird nach Weineck (S. 645) in zweifacher Hinsicht *gegliedert*. Man unterscheidet einerseits allgemeines und spezielles Aufwärmen und andererseits nach der Aktivitätsart praktisches Aufwärmen (motorisches Üben), passives Aufwärmen (z. B. Massagen), mentales Aufwärmen (Bewegungsvorstellung) und kombiniertes Aufwärmen (z. B. praktisches Üben und Bewegungsvorstellung).

Wirkungen

Das Aufwärmen hat die Aufgabe, *biologische Systeme* optimal aufeinander abzustimmen. Drei für die sportliche Leistung wichtige Systeme sind hier zu nennen: das Herz-Kreislaufsystem, das Atmungssystem und das Nerv-Muskelsystem.

Die Wirkung des Aufwärmens auf die biologischen Systeme

Die Wirkung des Aufwärmens auf das *Herz-Kreislaufsystem* sind:

- Ein Herzfrequenzanstieg, ein Blutdruckanstieg und die Erhöhung der zirkulierenden Blutmenge,
- eine positive Beeinflussung der Leistungsfähigkeit und der Leistungsbereitschaft,
- eine optimale Schlagzahl für die folgenden Trainings- bzw. Wettkampfbelastungen,

- die Versorgung mit den nötigen Nährstoffen und mit Sauerstoff,
- die Beseitigung von Stoffwechselschlacken und somit die Verhinderung von Muskelübersäuerung.

Die Wirkung des Aufwärmens auf das *Atmungssystem* sind:
- Eine Erhöhung der Atemfrequenz oder der Atemtiefe, somit eine erhöhte Sauerstoffzufuhr und der Entzug von erhöhtem Kohlendioxid,
- ein optimales Verhältnis von Atmung und Sauerstoffaufnahme (Atemäquivalent),
- eine Verkürzung der anaeroben (unökonomischen) Zeitspanne bei Belastungsbeginn, sonst kommt es zu einer frühzeitigen Ermüdung und zu Seitenstechen,
- eine optimale Atemfrequenz für die folgende Trainings- bzw. Wettkampfbelastung.

Die Wirkung des Aufwärmens auf das *Nerv-Muskelsystem* sind:
- Eine Verringerung der Muskelviskosität (innere Reibung), die Verbesserung der Energie- und Sauerstoffversorgung, die Optimierung neuromuskulärer Prozesse (Zusammenspiel von Nerv und Muskel),
- eine erhöhte mechanische Belastbarkeit, eine Verminderung der Rissanfälligkeit und der Verletzungsgefahr (elastischere und dehnfähigere Muskeln, Sehnen und Bänder).
- Eine Erhöhung der Leistungsfähigkeit durch schnellere und kräftigere Muskelkontraktionen,
- eine optimale Sauerstoffaufnahme und -nutzung (optimale Wandlung von chemischer in mechanische Energie), die Erhöhung der maximalen Sauerstoffaufnahmefähigkeit, **Siehe Seite 9**
- eine erhöhte Entspannungsfähigkeit der Muskeln (wichtig für maximal schnelle oder hochpräzise Bewegungen),
- eine optimale Vorbereitung des Organismus zur zweckmäßigen, rationellen und sicheren Lösung einer Aufgabe (dabei ein geringerer Energieverbrauch und eine langsamere Ermüdung),
- eine erhöhte Reaktionsgeschwindigkeit und die Verbesserung der kinästhetischen Empfindungen (die Voraussetzung für ein feindifferenziertes Bewegungsgefühl, z. B. Ballgefühl).

Die Wirkung des Aufwärmens auf die Psyche

Wesentlich sind auch die Wirkungen des Aufwärmens auf *psychische Leistungsfaktoren.* Es geht hier um die Erhöhung der Leistungsbereitschaft, der Aufmerksamkeit/Konzentration sowie die Verbesserung der optischen Wahrnehmung. Insgesamt werden eventuelle Überregungs- und Hemmungszustände positiv beeinflusst.

Darüber hinaus ist die *Verletzungsprophylaxe* eine der Hauptaufgaben des Aufwärmens. Die wichtigsten Wirkungen sind (siehe S. 9):

Beugt Aufwärmen Verletzungen vor?

1. Verringerte Verletzungsanfälligkeit durch Verbesserung von Elastizität und Viskosität der Muskulatur (die Zähigkeit der Flüssigkeit im Muskel nimmt durch Temperaturerhöhung ab),
2. eine erhöhte mechanische Belastbarkeit, eine Verminderung der Rissanfälligkeit und der Verletzungsgefahr (elastischere und dehnfähigere Muskeln, Kapseln, Sehnen und Bänder),
3. Verringerung der Gelenkbelastung (bei Aufwärmung ab 39° C); optimale Elastizität und Plastizität der kollagenen Fasern,
4. Optimierung des muskulären Tonus (Spannungszustand der Muskulatur); eine erhöhte Entspannungsfähigkeit der Muskeln,
5. Verdickung des gelenküberziehenden Knorpels; die einwirkenden Kräfte werden auf eine größere Auflagefläche verteilt und durch die zunehmende Elastizität (Wasserbindung) besser abgepuffert,
6. es werden verbesserte Ernährungs- und Belastungsbedingungen geschaffen.

Das Aufwärmen stimmt pädagogisch ein!

Ein wichtige Aufgabe des Aufwärmens – besonders im Kindertraining – besteht schließlich in einem *pädagogischen Einstimmen* auf den Hauptteil der Unterrichts- bzw. Trainingsstunde. Bedeutsame soziale, affektive, motivationale, emotionale und kognitive Lernziele im Erziehungskatalog sind u. a.:
Selbstständigkeit, Verantwortungsgefühl, gute Umgangsformen, Akzeptieren von Entscheidungen, Teamgeist, sich einordnen können, Kritikverständnis, Fairness, Miteinander konkurrieren, soziales Miteinander im Teamwork, gegenseitige Unterstützung und Hilfestellung, Kooperation, Freude und Spaß, Interaktionen und Kommunikation, Toleranz, Konfliktsituationen beherrschen, Kreativität, Selbstvertrauen, Durchhalte- und Durchsetzungsvermögen, Selbstwertgefühl, Anstrengungsbereitschaft, Entscheidungsfreude, Lernbereitschaft, Leistungsstreben, Abbau von Angst, Willensstärke, Entschlossenheit, Erfolgsorientierung, Risikobereitschaft, Pflichtbewusstsein.

Einflussfaktoren auf die Wirksamkeit

Die endogenen und die exogenen Faktoren und die Wirksamkeit des Aufwärmens

Die Wirksamkeit des Aufwärmens wird von verschiedenen endogenen (im Menschen liegenden) und exogenen (außerhalb des Menschen liegenden) Faktoren beeinflusst. Die *endogenen* Faktoren sind u. a. das Alter, der Trainingszustand und die psychische Einstellung. Wichtige exogene Faktoren stellen die Tageszeit, die Außentemperatur, die Sportart und der Zeitpunkt des Aufwärmens dar.

Zum Alter: Die Aufwärmstruktur ist in allen Altersklassen in etwa gleich. Aber mit zunehmenden Alter verändert sich die Aufwärmzeit und -intensität durch die Erhöhung des Belastungsumfanges. Die Belastungsintensität wird verringert und es findet eine langsame Intensitätserhöhung (vorsichtigeres Aufwärmen) statt. Die Begründung dafür ist die höhere Verletzungsgefahr durch eine geringere Muskelelastizität. Übrigens genügt nach Weineck (2002, S. 650) im Schulbereich allgemein eine fünfminütige Aufwärmzeit.

Zum Trainingszustand: Sportler mit einem hohen Leistungsniveau haben ein hohes Aufwärmniveau und Sportler mit einem niedrigen Leistungsniveau haben ein niedriges Aufwärmniveau. Wärmen sich Sportler mit einem niedrigen Leistungsniveau mit einem überhöhten Aufwärmniveau auf, so sind eine starke Ermüdung, die Verschlechterung der Leistungsfähigkeit und die Erhöhung der Verletzungsgefahr die ungewollten Folgen.

Zur psychischen Einstellung: Es besteht eine eindeutige Wechselbeziehung zwischen dem Aufwärmniveau und der Aufwärmmotivation. Eine hohe Motivationseinstellung erhöht die Aufwärmeffektivität. Eine Negativeinstellung zum Aufwärmen verringert die Aufwärmeffektivität oder hebt sie sogar auf. Im Normalfall allerdings erhöht sich die Leistungsbereitschaft. Damit einher geht ein optimaler Erregungszustand des Nervensystems und eine Verbesserung der Einstellung und Konzentration auf die sportliche Leistung.

Zur Tageszeit: Die biologischen Funktionssysteme werden im Schlaf abgeschwächt bzw. abgeschaltet. Im Laufe des Tages steigt die Leistungsfähigkeit allmählich bis zum maximalen Niveau an und dadurch wird die Aufwärmzeit Schritt für Schritt verkürzt. Am Morgen soll der Aufwärmumfang hoch sein, die Aufwärmintensität aber langsam steigend.

Zur Außentemperatur: Bei hoher Außentemperatur verkürzt sich die Aufwärmzeit. Bei Kälte und regnerischem Wetter verlängert sie sich.
Zur Sportart: Bei verschiedenen Disziplinen sind die Erfordernisse unterschiedlich. Sportarten mit großen Anforderungen an Elastizität und Dehnfähigkeit erfordern primär funktionale Dehn- und Lockerungsübungen. Sportarten mit vielen Technikanteilen verlangen primär Technikübungen. Spezifische Aufwärmprogramme sollten genormt, den individuellen Erfordernissen angepasst, in ihrer Wirkung bekannt und aus langjähriger Trainings- und Wettkampfpraxis gemeinsam von Trainer und Sportler entwickelt sein. Vor Wettkämpfen sollte kein Wechsel der Aufwärmmethode, der Aufwärmintensität und des Aufwärmumfan-

ges erfolgen, da sonst eine Über- bzw. Unterdosierung eintreten könnte. Die Folge wäre dann eine Leistungsminderung.

Zum Zeitpunkt des Aufwärmens: Nach Weineck (S. 652) gelten fünf bis zehn Minuten als optimaler zeitlicher Abstand zwischen dem Abschluss des Aufwärmens und dem Wettkampfstart, da die Muskeltemperatur nach dieser Zeit noch nicht abgefallen ist und damit der volle Effekt der Aufwärmarbeit auf die sportliche Leistungsfähigkeit erhalten bleibt.

Aufwärmen mit Kindern und Jugendlichen (Zielgruppenspezifik)

Aufwärmen mit Kindern ist kein erwachsenen-reduziertes Aufwärmen!

Wenn Kindertraining kein „reduziertes Erwachsenentraining" sein darf, dann sollte auch das Aufwärmen im Kindertraining kein *erwachsenenreduziertes* (auch kein jugendreduziertes) Programm beinhalten. Das hat zur Folge, dass u. a. die Lernziele, die Lerninhalte, die Methoden, die Organisationsformen, die Aufwärmstrukturen und die Belastungsparameter im Kindertraining anders, also kindgemäß sein müssen. Die drei grundlegenden Unterschiede zwischen dem Kinder- und Erwachsenentraining sind:

- Im Kindertraining sind andere Ziele mit anderen Inhalten zu setzen, die sich etappenweise verändern,
- das Kindertraining muss sich den Besonderheiten der Entwicklungs- und Reifeprozesse anpassen,
- das Kindertraining muss sich bezüglich der Periodisierung mehr nach Schule und Ausbildung richten als nach Modellen der Trainingslehre.

Allgemeine Leitsätze des Kindertrainings

Allgemeine Leitsätze des Kindertrainings

In diesem Buch wird versucht, dem Leser theoretische und vor allem praktische Hilfen anzubieten, wie das Aufwärmen mit Kindern *effektiv*, aber dennoch mit *großem Spaß* funktionieren kann. Es gelten die folgenden generellen Leitsätze (Hahn, 1982, S. 52 und 57):

1. Kindertraining muss ein vorbereitendes Training sein. Die Leistungsentwicklung hat zielgerichtet zu erfolgen.
2. Kindertraining beinhaltet vielseitige, sportartübergreifende und sportartspezifische Bewegungen und Bewegungsaufgaben (allgemeiner, sportartübergreifender und sportartspezifischer Bewegungsschatz).
3. Kindertraining bezieht viele und verschiedene Spiele und Spielformen (vielfältige Bewegungserfahrungen), wie auch zielgerichtete Übungen (erste Erfahrungen mit der Sportart) mit ein.
4. Kindertraining muss alle Möglichkeiten zu einem großen Bewegungsschatz ausschöpfen. Dadurch werden sportartübergreifende

und sportartspezifische Bewegungsformen leichter, schneller und zielgerichteter erlernt.

Allgemeine Grundsätze für Aufwärmeinheiten mit Kindern

Ziele

Ziele des Aufwärmens mit Kindern

Als zentrale Ziele des spielerischen Aufwärmens mit Kindern sind – den allgemeinen Definitionen entsprechend – die physische und psychische Vorbereitung auf den Hauptteil der Stunde/Trainingseinheit, ein „kontrolliertes Austoben“ und die Verletzungsprophylaxe anzusehen. Unter pädagogischen Gesichtspunkten ist von Anfang an auf die Entwicklung des *Regelbewusstseins* zu achten. Dieses Bewusstsein ist bei Kindern nur wenig ausgeprägt. Hier stellt sich dem Lehrer/Trainer eine vorrangige und langwierige Erziehungsaufgabe, denn Regeln sollen nach Möglichkeit selbst gefunden werden und für die Adressaten einsichtig sein. Darüber hinaus sollen die Heranwachsenden ihre Fähigkeit zum Spielen erweitern, ihr Repertoire an Spielen vergrößern, soziales Lernen weiterentwickeln sowie sportmotorische Fertigkeiten erwerben, verbessern und stabilisieren. Taktische Aufgabenstellungen sind dagegen zu vermeiden, weil erst ältere Jugendliche in der Lage sind, diese in Verbindung mit ausreichenden Bewegungsaktivitäten zu erfüllen.

Wichtig ist, dass die Kinder das Aufwärmen als einen angenehmen Stundenteil erleben. Dabei sind schon Kinder im Grundschulalter immer wieder über den *Sinn* und *Zweck* des Aufwärmens aufzuklären. Dies fördert ihre Einsicht in die Zusammenhänge des Sportunterrichts bzw. Trainings und so auch die Motivation zum Aufwärmen.

Eine zielgerichtete und systematische Aufwärmarbeit setzt unabdingbar einen *pünktlichen* und gemeinsamen Unterrichts- bzw. Trainingsbeginn voraus. Kommen einzelne Kinder zu spät, dann verliert der Lehrer bzw. Trainer schnell die Übersicht und bei Beginn der Trainingsbelastung wäre das Aufwärmniveau unterschiedlich (Verletzungsgefahr).

Inhalte

Inhalte des Aufwärmens mit Kindern

Das Aufwärmen mit dem Ball umfasst grundsätzlich Spiel- bzw. Wettkampfformen sowie Übungen. Spielen und Üben stehen im steten Wechselbezug und bedingen einander. Nur Üben oder nur Spielen muss strikt abgelehnt werden. Mögliche Lerninhalte sind u. a.:

- Fang-, Hasch-, Abschlag-, Abwurf-, Abschuss-, Wegstoß- und Wegschlagspiele mit und ohne Ball bzw. Bällen, mit verschiedenen Klein- und Großgeräten und in verschiedenen Räumen,

- kleine Ballspiele und Spielformen – auch in Spielreihen – mit Ball, vor allem im 1 : 1 und 2 : 2,
- kleine Wettbewerbe wie Pendel- und Umkehrstaffeln mit und ohne Ball, sowie mit den verschiedensten Geräten,
- spielerische sportartübergreifende und sportartspezifische Übungsformen, Komplexformen und Bewegungsaufgaben mit Ball in Partnerarbeit oder in Kleingruppen, meist mit Wettbewerbscharakter, mit verschiedenen Geräten und in verschiedenen Räumen.

Aufwärmspiele

Als *Aufwärmspiele* eignen sich alle kindgemäßen, allgemeinen, sportartübergreifenden und sportartspezifischen Spielformen mit und ohne Ball, die Körper, Geist und Seele optimal auf den Hauptteil als Lernphase vorbereiten. Im sportartübergreifenden und sportartspezifischen Aufwärmen mit Ball sollten nur Spiele Anwendung finden, die allen Schülern *bekannt* sind. Dies setzt voraus, dass diese in den Hauptteilen der vorangegangenen Unterrichts- bzw. Trainingseinheiten erlernt wurden.

Wie sollen kindgemäße Aufwärmspiele sein?

Die Aufwärmspiele müssen nicht nur bekannt, sondern auch *einfach* sein. Sie sind so zu gestalten, dass alle Kinder mitmachen können. Bei zu komplizierten Wettkampfformen würden die Koordination und die Aufmerksamkeit vor allem junger Kinder überfordert werden. Dadurch mindert sich die Aufwärmeffektivität. Zudem sollten die Aufwärmspiele folgende Kriterien erfüllen:

1. Die Aufwärmspiele müssen freudbetont und kindgemäß sein, d. h. sie haben vor allem dem Bewegungsdrang und der Fantasie der Kinder zu entsprechen.
2. Die Aufwärmspiele sind so zu organisieren, dass alle Kinder stets in Bewegung bleiben und der Lehrer bzw. Trainer diese immer optisch und akustisch unter Kontrolle hat. Das steht in keinem Widerspruch zu einem selbstständigen und individuellen Aufwärmen.
3. Die Aufwärmspiele müssen so angelegt sein, dass bei allem Leistungsstreben das gemeinsame Tun primär als Partner- und Gruppenarbeit im Vordergrund stehen. Die Kooperationsmöglichkeiten werden spielerisch gefordert und gefördert.
4. Gerade bei Kindern sollte im Aufwärmteil ein oftmaliger Wechsel der Spiel- und Übungsformen (unterschiedliche Lernziele) vorgenommen werden. Bei meist nur drei Sportstunden und zweimaligem Vereinstraining ist die Spiel- und Übungszeit knapp bemessen. Im Hauptteil vorangegangener Stunden erlernte Fertigkeiten können immer wieder isoliert oder komplex wiederholt, gefestigt, verfeinert, variiert und automatisiert werden. So bleibt im Hauptteil mehr Zeit zum Lernen neuer Balltechniken oder anderer Lernziele.

Der Umfang und die Intensität der *Aufwärmübungen* müssen dem Leistungsstand der Kinder entsprechen. Das Aufwärmen darf nicht zu Ermüdungserscheinungen führen – weder im physischen noch im psychischen Bereich. Wie die Aufwärmspiele müssen die Aufwärmübungen u. a. kindgemäß, bekannt, einfach (vorher erlernt und damit gekonnt), freudbetont und variabel (u. a. verschiedene Lernziele) sein. Wesentlich ist, dass alle Kinder stets in Bewegung sind und dass alle ohne Einschränkungen mitmachen können. Weitere Eignungskriterien für Aufwärmübungen sind u. a.:

Einfache Maßnahmen erlauben variable Aufwärmübungen

- Es lassen sich verschiedene Schwierigkeitsstufen (Variationen) für unterschiedlich leistungsstarke Kinder bzw. Kindergruppen konstruieren.
- Der Einsatz von verschiedenen Spielfeldern und motivierenden Geräten (Hütchen, kleine Kästen u. a.) und deren schneller Wechsel ist möglich.
- Ein Wechsel der Sozialformen ist schnell und unproblematisch (z. B. von der Partnerarbeit zur Dreiergruppe).
- die Übungen können als Wettbewerbe in Einzel-, Partner- und Gruppenarbeit durchgeführt werden (wer kann in 30 Sek. möglichst oft …?)
- Viele Kinder lassen sich in einem relativ kleinen Spielfeld beschäftigen.
- Es ist nur ein geringer Organisationsaufwand (u. a. schneller Spielfeld- und Geräteaufbau) erforderlich.
- Die Übungsformen können schnell gewechselt werden.
- Viele Übungswiederholungen sind in kurzer Zeit realisierbar.
- Der Einbezug wichtiger koordinativer Fähigkeiten wie Reaktionsfähigkeit (einander ausweichen, Lehrer- bzw. Trainerimpuls) und Kombinationsvermögen (z. B. eine Gerätebahn mit dem Ball am Fuß erfolgreich „durchlaufen“) ist möglich.
- Die Kinder müssen klar erkennen, dass die Übungsformen für ihre sportartübergreifende und sportartspezifische Spielfähigkeit von Nutzen sind.
- Einfache Übungsformen (nur eine Balltechnik wie das Dribbeln) wechseln sich mit anspruchsvolleren Komplexformen (mindestens zwei Balltechniken wie Passen und Ballkontrolle) ab.
- Viele und unterschiedliche Spielfelder (u. a. Rechteck und Langbankrechteck), Hindernisse (u. a. Hütchen und Reifen), Geräte (u. a. Minitrampolin und Kastenoberteil), Spielgeräte (u. a. Fußball und Luftballon), Partner und „Gegner“ können ausprobiert und verglichen werden.

Methoden

Sportartübergreifendes und sportartspezifisches Aufwärmen

Das Aufwärmen setzt sich aus zwei Abschnitten zusammen: aus dem *sportartübergreifenden* und *sportartspezifischen* Aufwärmen. Sollten zum Aufwärmen *Anweisungen* nötig sein, müssen diese kurz vor Unterrichts- bzw. Trainingsbeginn vom Lehrer bzw. Trainer gegeben werden. Sind Anweisungen während der Aufwärmphase erforderlich, dann hat der Lehrer bzw. Trainer zu beachten, dass möglichst keine großen zeitlichen Unterbrechungen entstehen. Neben den notwendigen Informationsvorgaben sollten Lehrer und Kindertrainer mehr *loben*, bestätigen und aufbauen. Viele Kinder neigen dazu, Kritik persönlich zu nehmen und sehen sich bloßgestellt. Kritik als positive Korrektur hat in einer Vertrauen erweckenden, konstruktiven und sachlichen Art stattzufinden.

Lob tut Kindern gut!

Stück für Stück zum selbstständigen Aufwärmen

Im Laufe der Unterrichts- und Trainingsjahre müssen Kinder lernen, das allgemeine Aufwärmprogramm (ohne Ball) sowie die Aufwärmspiele und -übungen (mit Ball) *selbstständig* durchzuführen. Das setzt voraus, dass die Kinder allmählich, Schritt für Schritt an diese Selbstständigkeit herangeführt werden. Meist führt der Lehrer bzw. Trainer durchs Aufwärmprogramm und kontrolliert bzw. korrigiert. Doch die Kinder müssen immer wieder die Möglichkeit erhalten, sich alleine, scheinbar ohne Trainerkontrolle, aufzuwärmen. Dazu ist es erforderlich, dass der Trainer vorher bestimmte Übungen und verschiedene Aufwärmprogramme angeboten hat und die Kinder wissen, wie und warum ein Programm so aufgebaut ist. Von Bedeutung ist, dass der beobachtende Trainer den Spielern beim und nach dem Aufwärmen ihre wesentlichen Fehler aufzeigt und Verbesserungsvorschläge macht. Dabei lernen die Kinder langsam die Übungen kennen, die ihnen entsprechen und die in ihr späteres individuelles Aufwärmprogramm eingebaut werden können. *Freiwilliges* Handeln wird gefördert, wenn die Kinder die Dauer, das Tempo und die Intensität des Spiels selbst bestimmen können. In einer Atmosphäre frei von Erfolgs- und Leistungsdruck fühlen sie sich bei ihren Handlungen wohl. Die Lehrkraft wird zum Berater. Allerdings dürfen Sicherheitsregeln nicht vernachlässigt werden.

Aufwärmen und balltechnisches Niveau

Die Art des sportartübergreifenden und sportartspezifischen Aufwärmens kann stark vom *balltechnischen Niveau* der Kinder abhängen. Je niedriger dieses ist, desto einfacher müssen die Aufwärmspiele und -übungen sein. Treten zwischen den einzelnen Kindern größere balltechnische Unterschiede auf, dann sollten die Kinder mit vergleichbarem Technikniveau zusammengefasst werden. Den einzelnen Gruppen sind entsprechende und nach Schwierigkeiten gestufte Programme anzubieten.

Abwechslungsreiches Aufwärmen durch Wechsel der Sozial- oder Aufstellungsform

Um Kinder *abwechslungsreich* aufzuwärmen, müssen nicht immer große inhaltliche Veränderungen getroffen werden. Oft genügt schon ein Wechsel der Sozialform (z.B. von der Einzel- zur Partnerarbeit) oder der Aufstellungsform (z.B. vom Aufwärmen im Rechteck zum Aufwärmen in der Linie oder im Rudel). Werden beim Aufwärmen die Sozialformen gewechselt, so ist darauf zu achten, dass die Wechsel reibungslos und mit geringem Zeitverlust ablaufen. Das bedingt eine gute vorherige Planung und Organisation.

Spiele ans Ende des Aufwärmens

Bei der Durchführung von Spielformen muss der Lehrer bzw. Trainer beachten, dass diese Spiele eher an das *Ende* des sportartübergreifenden und sportartspezifischen Aufwärmens platziert werden sollten. Dann ist eine ausreichende Vorerwärmung vorhanden (Maximalbelastungen und Zweikämpfe). Der Umfang und die Intensität der Spielformen dürfen nicht zu groß bzw. zu hoch sein, sonst könnte eine Leistungsminderung eintreten (beginnende, aber nicht gewollte Ermüdung).

Aufwärmen und die zur Verfügung stehenden Geräte

Die Art des Aufwärmens hängt u.a. auch von den zur Verfügung stehenden *Geräten* bzw. von dem Verhältnis der Geräte- zur Spieleranzahl ab. Es ist ein großer Unterschied, ob pro Spieler ein Ball oder für sechs Spieler nur ein Ball vorhanden ist. Bei drei Bällen für 18 Spieler kann z.B. keine Prellschule in Einzelarbeit durchgeführt werden. Hat man keine neun Hütchen, so kann man auch keine vier Spielfelder abstecken, um darin 16 Spieler vier Mal jeweils mit der Spielform 2:2 „Den Ball in den eigenen Reihen halten“ zu beschäftigen.

Aufwärmen mit verschiedenen Bällen erhöht die Motivation!

Die Auswahlmöglichkeit unter verschiedenen Balltypen (Tennis-, Hand-, Volleyball usw.) erhöht die Motivation und sorgt für individuelle Erfolgerlebnisse. Das Spiel mit *verschiedenen Bällen* trainiert gleichzeitig unterschiedliche koordinative Fähigkeiten. Alle Übungen sollten rechts- und linkshändig bzw. rechts- und linksfüßig ausgeführt werden. Je vielseitiger die Aufgabenstellungen sind, desto differenzierter werden die Rückmeldungen über Erfolg und Misserfolg. Sollten sich lohnende Gesprächsanlässe ergeben, so können die Kinder über ihre Erfahrungen mit den verschiedenen Bällen bzw. Ausführungsformen sprechen. Musik als Begleitung und zur Strukturierung der Übungen (Handwechsel, Übungsende usw.) wirkt zusätzlich motivierend. Bei allen Aufgabenstellungen steigern Zielformulierungen (wie oft? wie hoch? wie schnell?) die Konzentration und die Bereitschaft zur Anstrengung.

Eine gute Organisation schütz Kinder vor Unfällen!

Organisation und Regeln

Die organisatorische Vorbereitung des Lehrers und des Trainers verlangt Umsicht und sinnvolle Entscheidungen, weil Kinder zunächst noch keine Spielübersicht besitzen. Ihr peripheres Sehen ist unzureichend entwickelt. Kinder nehmen deshalb das Geschehen am Rande nicht oder nur ungenau wahr. Eine gute *Organisation* gewährleistet, dass jeder mit möglichst vielen Bällen Erfahrungen sammeln, die akustischen und optischen Lehrer- und Trainerhilfen aufnehmen kann und dass Unfälle auf Grund der Übungssituation „Ball-Bewegung-Raum" vermieden werden.

Von Bedeutung ist, dass Spielfeldgrenzen durch Linien oder Hütchen klar festgelegt und Abstände zu Beginn des Spiels (der Staffeln, Gruppenwettläufe usw.) eingerichtet und beim Spielablauf eingehalten werden (Gassen bilden, Hütchen und andere ungefährliche Kleingeräte benutzen). Eine optimale Raumausnutzung verhindert Zusammenstöße.

Vereinbarte Regeln ermöglichen eine optimale Organisation

Bei der Organisation helfen z. B. folgende *Regeln:*

- Gleiche Bälle werden in „Ballkästen" (Kastenoberteil) gesammelt,
- Jedes Kastenoberteil hat seinen bestimmten Platz an der Wandseite/ in einer Ecke, um Hindernisse zu vermeiden,
- Auf ein – vorher vereinbartes – akustisches Signal hin werden die Bälle festgehalten bzw. mit der Fußsohle abgestoppt,
- Bei Demonstrationen sitzen die Kinder mit den Bällen im Schoß im Schneidersitz.
- Eine Übung wird mit einem bestimmten Signal gestartet und beendet. Die Kinder legen ihren Ball in den dafür vorgesehenen Ballkasten und begeben sich zur nächsten „Ballstation".
- Vor Übungsbeginn werden die Kinder in Gruppen eingeteilt. Sie suchen sich innerhalb der Gruppe einen Partner für mögliche Partnerübungen und wechseln in dieser Gruppe von Station zu Station.
- Stationswechsel erfolgen im Uhrzeigersinn.

Ablaufmodell

Ablaufmodell des Aufwärmens

Die Aufwärmphase dauert mindestens 6 bis 8 min, bei Kindern in der Regel aber deutlich länger (bis zu 20 min). Sie muss dem Hauptteil der Unterrichtsstunde/Trainingseinheit angepasst sein. Alle Übungen und Spiele sollten zunächst im „Schongang" absolviert werden, also mit relativ geringen Krafteinsätzen. Die Belastung kann dann während des Aufwärmens langsam gesteigert werden. Je höher die folgenden

Beanspruchungen sind, desto intensiver muss das Aufwärmprogramm gestaltet werden. Nach dem Aufwärmen ist sofort mit dem Hauptteil zu beginnen. Im Folgenden wird ein generelles, idealtypisches Ablaufmodell einer Aufwärmeinheit mit Kindern skizziert:

1. *Aufwärmübungen*: als Ballschule in Einzelarbeit (Dribbeln, Prellen, einen kleinen Ball mit dem Schläger führen usw.), in Verbindung mit spielerischen Formen der Lauf- und Sprungschule sowie sportartübergreifenden und sportartspezifischen Bewegungen ohne Ball – *5 min*
   Begründung: Jedes Kind will sich erst alleine mit seinem Sportgerät beschäftigen (Ballhunger, Bewegungsdrang, Gelerntes wiederholen wie Dribbel- und Prellvarianten, Experimentierphase usw.).
2. Ein kurzes *Dehnen* (Stretching) und Lockern mit wenigen Grundübungen – *5 min.*
3. *Aufwärmspiele* im *weiteren* Sinne als Ballschule – *10 min*
   oder
   Aufwärmspiele im *engeren* Sinne als Fang- und Abwurfspiele mit Ball – *10 min*
   oder
   Aufwärmspiele im engeren Sinne als *kleine Spielformen* mit Ball – *10 min.*
   Begründung: Jetzt sind die Kinder durch die Aufwärmübungen schon spielerisch vorerwärmt, aber noch nicht müde. Das sind die besten Voraussetzungen zum Wiederholen, Stabilisieren und Variieren bekannter und beherrschter Fertigkeiten (allgemeine, sportartübergreifende und sportartspezifische Bewegungsformen ohne und mit Ball), die sie in den Trainingstagen zuvor erlernt haben. Die Kinder wollen sich jetzt gemeinsam mit dem Partner oder in der Gruppe mit Spaß austoben. Sie möchten in Wettkämpfen – vor allem mit dem Ball – messbare Erfolge erzielen und brauchen kurze Sprintbelastungen mit und ohne Ball. Bei der Ballschule stören die anderen Paare oder Kleingruppen im gemeinsamen Spielraum, bei den Fangspielen und Spielformen mit Ball geht es immer wieder in den direkten Zweikampf 1 : 1.

Anmerkung: Es können – je nach Intention – auch Fangspiele ohne Ball und kleine Wettbewerbe angeboten werden. Kindern bis etwa zum zwölften Lebensjahr sollte zu Beginn jeder Unterrichtsstunde bzw. Trainingseinheit die Möglichkeit gegeben werden, sich mit je einem Ball alleine oder mit einem Partner etwa 5 Minuten aufzuwärmen (auszutoben). Dabei müssen u. a. folgende Vorgaben – vorherige gemeinsame Absprachen – konsequent eingehalten werden:

- Schon vor Unterrichtsbeginn sind verschiedene Bälle in Kastenoberteilen („Ballkästen“) in den Ecken der Sporthalle bereitzuhalten,
- die Ballausgabe bzw. Selbstabholung der Bälle muss kontrolliert, aber schnell geschehen,
- der Spielbeginn erfolgt gemeinsam auf Lehrerimpuls,
- kein „wildes Herumgeballere“ mit Hand und Fuß,
- gespielt und geübt wird nur in eine Richtung,
- die Spielräume sind vorzugeben und klar zu markieren (ungefährliche Hütchen),
- es dürfen nur die jeweils erlaubten Geräte benutzt werden,
- das Spielende erfolgt gemeinsam auf Lehrerimpuls,
- die verwendeten Bälle, die anderen Geräte und die markierten Spielräume sind möglichst für den weiteren Aufwärmverlauf zu nutzen,
- am Anfang des Aufwärmens werden Ballübungen primär in Einzelarbeit (auch mit dem Partner und in der Gruppe) – ohne und mit Anleitung des Lehrers bzw. Trainers – durchgeführt,
- es folgen Spielformen mit Ball aller Art vom 1 : 1 bis zum 5 : 5 (in der Halle).

Zum Praxisteil

Zur Gliederung

62 Spiel- und Übungsaufgaben

Im Praxisteil dieses Buches werden 62 Spiel- und Übungsaufgaben in Text und Bild vorgestellt. Es handelt sich vor allem um selbst entwickelte Unterrichts- und Trainingsformen mit verschiedenen Bällen und Schlägern, die mit Kindern in der Schule und im Verein mit großem Spaß und Erfolg über viele Jahre hinweg gespielt wurden. Alle beschriebenen Praxisbeispiele sind so konzipiert, dass sie in allen Alters- und Leistungsstufen gespielt werden können, wenn Parameter wie Schnelligkeit, Intensität, Umfang, Variation, Aufgabenstellung und Spielfeld zielgruppenangemessen verändert werden. Einige neue Aufwärmspiele und -übungen bzw. Varianten haben die Kinder selbst erfunden. Das ist nur dann möglich, wenn Lehrer und Trainer bereit sind, auch von ihren anvertrauten Kindern zu lernen und wenn ein ständiger Gedankenaustausch stattfindet.

Die Praxisbeispiele werden wie folgt in vier Bereiche unterteilt:

- Zehn Spielaufgaben und sechs Übungsaufgaben mit dem *Fuß,*
- zehn Spielaufgaben und sechs Übungsaufgaben mit der *Hand,*
- zehn Spielaufgaben und sechs Übungsaufgaben mit dem *Schläger* (Hand/Hände und Luftballon; Federballschläger und kleiner Gummiball; Hockeyschläger und kleiner Ball aus Kunststoff),
- zehn Spielaufgaben und vier Übungsaufgaben *gemischt.*

Die 16 Spiel- und Übungsaufgaben mit dem Fuß

Die Spielaufgaben *mit dem Fuß* beinhalten eine Komplexform als Wettbewerb in Einzelarbeit, eine Komplexform als Wettbewerb mit wechselndem Partner, vier kleine Ballspiele in Gruppen (ein Schussspiel, ein Dribbelspiel, zwei Passspiele), zwei Fangspiele in Gruppen, eine Pendelstaffel in Gruppen und eine Umkehrstaffel in Gruppen. Die sechs Übungsaufgaben bestehen aus drei Komplexformen in Einzelarbeit, einer Komplexform in Partnerarbeit sowie zwei Übungsformen in Einzelarbeit (Dribbeln, Kopfball).

Die 16 Spiel- und Übungsaufgaben mit der Hand

Der Bereich *mit der Hand* umfasst die Spielaufgaben Prellen als Wettbewerb in Einzelarbeit (eine Übungsform), eine Komplexform als Wettbewerb in Einzelarbeit, vier kleine Ballspiele in Gruppen (drei Wurfspiele, ein Prellspiel), zwei Fangspiele in Gruppen (Prellfangen, Abschlagspiel) und zwei Pendelstaffeln in Gruppen. Hinzu kommen zwei Übungsformen (Prellen) und vier Komplexformen in Einzelarbeit.

Die 16 Spiel- und Übungsaufgaben mit dem Schläger

Der Bereich *mit dem Schläger* beinhaltet als Spielaufgaben zwei Komplexformen als Wettbewerb in Einzelarbeit, eine Übungsform mit der Hand als Wettbewerb in Partnerarbeit (Schmettern), eine Übungsform mit der Hand als Wettbewerb in Einzelarbeit (Jonglieren), eine Komplexform als Wettbewerb in Partnerarbeit, eine Übungsform als Wettbewerb in Partnerarbeit (Zuspielen), ein Fangspiel in Gruppen, zwei Umkehrstaffeln in Gruppen sowie ein kleines Ballspiel 1:1. Die sechs Übungsaufgaben setzen sich zusammen aus einer Übungsform an die Wand in Einzelarbeit (Passen), einer Übungsform mit Schläger und Ball in Einzelarbeit (Jonglieren), einer Übungsform jonglieren in Einzelarbeit (Luftballon), zwei Komplexformen in Partnerarbeit und einer Komplexform in Einzelarbeit.

Die 14 Spiel- und Übungsaufgaben gemischt

Schließlich ist der Bereich *gemischt* durch zehn Spielaufgaben gekennzeichnet: drei Komplexformen als Wettbewerb in Einzelarbeit, eine Komplexform als Wettbewerb mit wechselndem Partner, ein klei- nes Dribbel- und Wurfspiel in Gruppen, ein Fangspiel in Gruppen, drei Staffeln in Gruppen (zwei Pendelstaffeln, eine Umkehrstaffel) so-wie eine Komplexform als Wettbewerb in Dreier-Gruppen. Die vier Übungsaufgaben sind vier Komplexformen in Einzelarbeit.

Die verschiedenen Modifikationen für die dreimal 16 und einmal 14 Spiel- und Übungsaufgaben

Für die dargebotenen Spiel- und Übungsformen werden zahlreiche *Modifikationen* vorgeschlagen. Generell ist es fast immer möglich, mit verkleinerten Spielfeldern (geringeres Lauftempo), mit mehreren Bällen (vergrößerte Erfolgschancen) und mit Zusatzaufgaben (Verhin-derung maximaler Krafteinsätze) zu operieren. Die Veränderungen dienen dabei auch zur Leistungsdifferenzierung. Jedem Spiel und jeder Übung sowie auch jeder Variation werden in diesem Sinne *Schwierigkeits-* bzw. *Komplexitätswerte* von I bis III zugeordnet.

Alle genannten Distanzen, Spielfeldgrößen usw. sind nur als Anhaltspunkte zu verstehen. Die angegebenen Maße haben sich in der Praxis an den räumlichen Gegebenheiten, am technisch-taktischen Leistungsvermögen, am Trainingszustand, an der Zielsetzung des Trainings und am Alter der Kinder zu orientieren.

Zu den verwendeten Geräten

Die verwendeten Geräte zum Aufwärmen

Geräte wie Bälle, Sprungseile, Reifen, Stäbe usw. haben an sich einen großen Aufforderungscharakter, so dass Motivationsprobleme kaum auftreten. Diese Tatsache lässt sich für das Aufwärmen nutzen. Meistens genügt es, einige Spiele und Übungen vorzumachen. Die ande-ren Bewegungsmöglichkeiten finden die Kinder selbst. Folgende Klein- und Großgeräte werden – je nach der Größe der Spielgruppe – in unterschiedlicher Anzahl für die 62 Praxisbeispiele benötigt:

1. Hütchen (als Markierung, Hindernis, Spielgerät, verschiedene Tore usw.)
2. Ball (Gymnastikball, Softball, leichter Volleyball usw.)
3. Kleiner Kasten
4. Großer Kasten
6. Langbank
6. Reifen
7. Minitrampolin
8. Matten
9. Wand (Halle o. a.)
10. Kastenoberteil
11. Kastenzwischenteil
12. Weichbodenmatte
13. Sprungbrett
14. Hütchenhürde (zwei spezielle Hütchen und eine Kunststoffstange)
15. Klettertauanlage
16. Hockeyschläger aus Kunststoff und ein kleiner Kunststoffball
17. Luftballon (verschiedene Farben)
18. Federballschläger und ein kleiner Gummiball

Hüttchen und Bälle sind (fast) immer dabei!

Die *Hütchen* (1.) sind problemlos und mit wenig Platzaufwand zu verstauen, leicht zu transportieren sowie schnell auf- und abzubauen. Sie haben einen hohen Spiel- und Übungswert, sind gleichzeitig Sport- und Markierungsgeräte und sehr preisgünstig. Beim Üben und Spielen mit ihnen gibt es kaum Verletzungen. Sie sind in allen Alters- und Leistungsklassen einsetzbar und in verschiedenen Größen, Farben, Gewichten und Ausführungen erhältlich.

Viele und verschiedene *Bälle* (2.) müssen in jedem Kindertraining ständig in Bewegung sein. Kein Gerät motiviert Kinder zum Spielen und Üben mehr als der Ball. Bälle wollen u. a. geschossen, gedribbelt, geprellt, geworfen, gefangen, gerollt, geprischt, geschmettert, jongliert, aber auch beherrscht werden. Mit Bällen kann unendlich viel angestellt werden. Im Training braucht jedes Kind mindestens einen Ball.

Die weiteren Klein- und Großgeräte

Die *Klein-* und *Großgeräte* (3. bis 15.) sind normalerweise in jeder Sporthalle in ausreichender Anzahl vorhanden. Sie sind relativ schnell und gefahrlos zu transportieren sowie auf- und abzubauen (Ausnahme: die Hallenwände und die Klettertauanlage). Die meisten der Geräte können ohne allzu großen Aufwand auf dem Sportplatz oder auf einer Spielwiese benutzt werden. Untereinander sind sie fast grenzenlos kombinierbar.

Die Schlaggeräte haben einen hohen Spielwert!

Die unter 16., 17. und 18. aufgelisteten Geräte haben die Kinder häufig zu Hause. Sie sind preiswert, haben einen hohen Spielwert und sind von den Kindern – vom Gewicht her – leicht zu spielen. Von ihnen geht kaum eine Verletzungsgefahr aus. Außerdem sind sie gut zu verstauen und zu transportieren (wichtig für den Schulsport). Diese Geräte haben auch einen hohen Freizeitwert.

Schlaggeräte können leicht verändert werden

Mit den Geräten kann alleine, mit dem Partner und in Gruppen gespielt werden. Es sind aber auch Spiele gegeneinander (1 : 1, 2 : 2 und mehr) möglich. Das Spielen mit den Geräten erfordert keine allzu großen balltechnischen Voraussetzungen. Die Geräte können „verändert“ werden. Befördert man z. B. in einen Luftballon einen Flaschenkorken, so kann dieses „neue“ Gerät ganz eigenartige Flugwege durchführen. Modifizierbar ist auch die Zusammensetzung der Geräte. Man kann z. B. mit einem Kunststoff-Hockeyschläger und einem Kunststoff-Puck spielen oder mit einem Federballschläger und einem Federball.

Luftballons sind die „Freunde“ leistungsschwacher Schüler!

Besondere Vorteile besitzen Luftballons als Spielgeräte. Durch ihre extreme Bewegungsverzögerung können bestimmte Balltechniken besser und schneller erlernt werden. Daher kommen leistungsschwache Schüler leichter und schneller zu Erfolgserlebnissen, was für ihre Motivation von großer Bedeutung ist. Außerdem kann man mit Luftballons auf engstem Raum (z. B. in Kinderzimmern) spielen, ohne dabei gleich etwas zu zerstören. Auch der Einsatz von weiteren eher ungewöhnlichen Materialien (Frisbee-Scheiben, Teppichfliesen, Zeitungspapier, Wasserbälle, Softbälle usw.) kommt bei Kindern gut an.

Kapitel

2

Ballspiele mit dem Fuß
Übungen mit dem Fuß

01. Beinroller (Komplexität II)

Lernziele

Getimter Zielpass, Ballstopp mit der Fußsohle, koordinative Laufbewegungen ohne Ball

Spielaufgabe

Wer kann in der Spielzeit möglichst oft auf ein Hütchen zudribbeln, den Ball kurz vorspielen, diesen rechts oder links umlaufen, ihn durch die gegrätschten Beine rollen lassen, mit der Fußsohle abstoppen und dabei die Hütchenspitze kurz mit einer Hand antippen und dann rechts oder links am Hütchen vorbeidribbeln?
Jede korrekte Gesamtaktion an den Hütchen wird mit einem Punkt bewertet. Welcher Spieler erzielt am Ende der Spielzeit die meisten Punkte?

Geräte und Organisation

14 Hütchen, ein Ball je Spieler
Vier Hütchen begrenzen das Volleyballfeld, zehn Hütchen und die Spieler mit je einem Ball am Fuß sind im Spielfeld gleichmäßig verteilt aufgestellt.

Hinweise

Der Ball darf beim Durchrollen durch die gegrätschten Beine diese nicht berühren! Die Spieler sollen in etwa gleich oft den Ball rechts und links umlaufen!
Die kurzen Zielpässe Richtung Hütchen sollen variabel mit der Innen- und Außenseite und mit dem Vollspann gespielt werden!

Variante 01

Die Spieler müssen jetzt jeweils den Ball nach dem Ballstopp mit der Fußsohle nach hinten ziehen. (Komplexität II)

Variante 02

Die Spieler müssen jetzt jeweils den Ball umlaufen, eine halbe Drehung durchführen, den Ball durch die gegrätschten Beine rollen lassen und dann wieder eine halbe Drehung durchführen. (Komplexität III)

Variante 03

Die Spieler müssen jetzt jeweils kurz dribbeln, durch zwei Hütchen hindurch zielpassen, nachstarten und dann den Ball kontrollieren. (Komplexität I)

Variante 04

Die Spieler müssen jetzt jeweils auf ein Hütchen zudribbeln, dieses vorwärts übergrätschen und dabei weiterdribbeln (Grätschdribbeln). (Komplexität I)

Variante 05

Die Spieler müssen jetzt jeweils auf ein Hütchen zudribbeln, dieses mit einem Zielpass so treffen, dass es dabei leicht verrutscht (nicht umfällt), zum wegspringenden Ball starten, diesen kontrollieren und wieder dribbeln. (Komplexität I)

Variante 06

Siehe Variante 05, nur die Spieler müssen jetzt vor jedem Zielpass eine Pass- bzw. Schussfinte durchführen. (Komplexität I)

Variante 07

Siehe Variante 05, nur die Spieler müssen jetzt vor jedem Zielpass eine ganze Drehung mit dem Ball am Fuß durchführen. (Komplexität II)

Variante 08

Die Spieler müssen jetzt jeweils aus dem Dribbling heraus den Ball so mit der Sohle kurz abstoppen, dass der ein Hütchen leicht antippt. (Komplexität I)

02. Ballknallen (Komplexität II)

Lernziele

Enge Ballführung mit Richtungsänderungen, getimter Zielpass, Ballkontrolle

Spiel

Die Spieler dribbeltraben im Spielfeld durcheinander und weichen einander aus (aktive Erholung). Auf Pfiff versuchen die Spieler in der Spielzeit möglichst oft mit wechselnden Partnern Blickkontakt aufzunehmen, dribbeln aufeinander zu und zielpassen die Bälle so, dass diese möglichst zusammenknallen. Nach jedem Zielpass starten die Spieler zu ihrem Ball, kontrollieren ihn, dribbeln und nehmen möglichst schnell mit dem nächsten Partner Blickkontakt auf (Belastung).
Jedes erfolgreiche Ballknallen wird mit einem Punkt bewertet. Welcher Spieler erzielt am Ende der Spielzeit die meisten Punkte?

Geräte und Organisation

Vier Hütchen, ein Ball je Spieler
Vier Hütchen begrenzen das Volleyballfeld und die Spieler mit je einem Ball am Fuß verteilen sich gleichmäßig im Spielfeld.

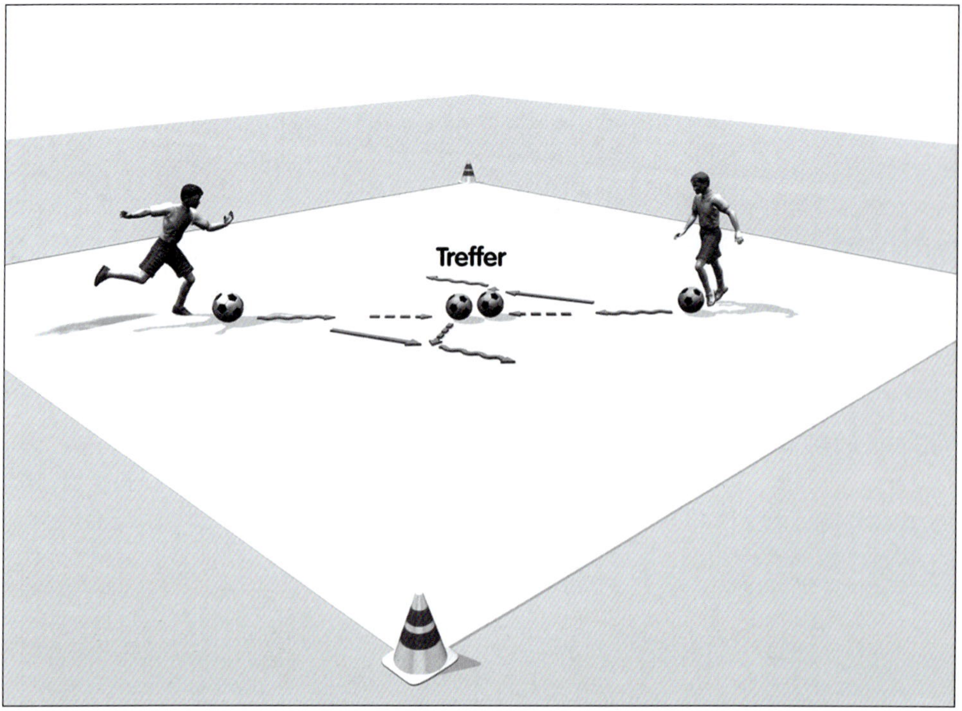

Hinweise

Zwei Spieler dürfen nicht zweimal direkt hintereinander das Ballknallen durchführen!
Die Spieler sollen auch immer wieder mit ihrem schwachen Bein zielpassen!
Dieses Ball-Zielspiel macht vor allem Grundschülern großen Spaß!

Variante 01

Die Spieler müssen jetzt nach jedem Zielpass zum Ball des Partners starten und ihn kontrollieren. (Komplexität II)

Variante 02

Die Spieler müssen jetzt vor jedem Zielpass eine Passfinte durchführen. (Komplexität II)

Variante 03

Auf Pfiff schauen sich jetzt die Dribbler (z. B. zehn) mit dem Ball am Fuß stets im Spielfeld um und die Grätscher (z. B. fünf) traben ohne Blickkontakt. Ruft ein Dribbler den Namen eines Grätschers (z. B. Hans), so muss der sofort stehen bleiben und die Beine grätschen. Der Dribbler dribbelt nun auf den Grätscher zu, zielpasst ihm den Ball durch die Beine, umläuft den Grätscher rechts oder links, kontrolliert den Ball und ruft mit dem Ball am Fuß möglichst schnell den nächsten Grätscher auf (Belastung). (Komplexität II)

Variante 04

Auf Pfiff schauen sich jetzt die Dribbler (z. B. zehn) mit dem Ball am Fuß stets im Spielfeld um und die Ballabstopper (z. B. fünf) traben ohne Blickkontakt. Ruft ein Dribbler den Namen eines Ballabstoppers (z. B. Leon), so muss der sofort stehen bleiben. Der Dribbler dribbelt nun kurz auf den Ballabstopper zu, zielpasst zu ihm und startet weiter. Der Ballabstopper stoppt den Ball mit der Fußsohle ab und trabt dann ohne Blickkontakt weiter. Der Dribbler nimmt den ruhenden Ball mit und ruft mit dem Ball am Fuß möglichst schnell den nächsten Ballabstopper auf (Belastung). (Komplexität II)

03. Spielhälfte freischießen (Komplexität II)

Lernziele

Flachpässe, sichere Ballkontrolle, schnelles Dribbling

Spiel

Auf Lehrerpfiff versuchen alle Schüler möglichst schnell ihren Ball vom Boden aus unter den Langbänken hindurch in die andere Spielhälfte zu schießen. Gegnerische Bälle werden sofort zurückgeschossen. Die Bälle dürfen nur mit dem Fuß berührt werden.
Gewonnen hat die Gruppe, die z. B. nach 30 Sek. die wenigsten Bälle in ihrer Spielhälfte hat.

Geräte und Organisation

Vier Langbänke, fünf kleine Kästen, ein Ball je Spieler
Vier um 180° gedrehte Langbänke werden nebeneinander auf die Mittellinie und auf kleine Kästen gestellt, jeder Schüler hat einen Softball oder einen anderen leichten Ball am Fuß, die Klasse wird in zwei gleich große Gruppen eingeteilt, wobei sich die Spieler der zwei Gruppen jeweils in einer Hallenhälfte gleichmäßig verteilt aufstellen.

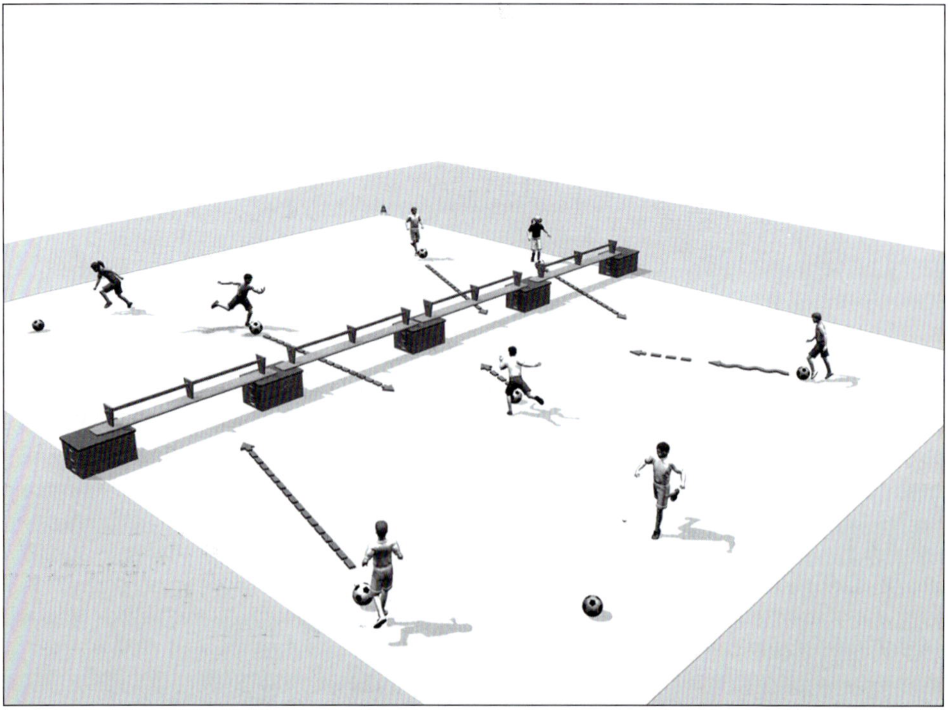

Hinweise

Es müssen vor allem in der Grundschule leichte Bälle benutzt werden, da bei Benutzung normaler Fußbälle Verletzungsgefahr besteht und außerdem viele Kinder vor schweren Bällen Angst haben!
Je kleiner die Halle ist, desto bewegungsintensiver kann dieses kleine Ballspiel durchgeführt werden! Die Bälle sollen die kleinen Kästen und Langbänke möglichst nicht berühren!

Variante 01

Jetzt wird unter einer niedrig gespannten Zauberschnur hindurch geschossen (Flachschüsse). (Komplexität II)

Variante 02

Die Spieler dürfen jetzt zum Ballholen und Ballablegen die Hände benutzen. (Komplexität I)

Variante 03

Jetzt wird nach Eigenvorlage über eine hochgespannte Zauberschnur geschossen (Bogenschüsse). (Komplexität I)

Variante 04

Jetzt wird nach Eigenvorlage über eine ein bis zwei Meter hochgespannte Zauberschnur geköpft (Bogenkopfbälle). (Komplexität I)

Variante 05

Jetzt werden vier Langbänke direkt nebeneinander auf die Mittellinie platziert, auf die Langbänke selbst werden neun Hütchen gleichmäßig verteilt aufgestellt und jeder Schüler hat einen Softball oder anderen leichten Ball in den Händen. Auf Lehrerpfiff versuchen nun alle Schüler möglichst schnell ein Hütchen nach Eigenvorlage von den Langbänken und in die gegnerische Spielhälfte zu köpfen. Gegnerische Bälle werden sofort aufgenommen und auf die Hütchen geköpft. Gewonnen hat die Gruppe, die nach Spielende die meisten Hütchen in die gegnerische Spielhälfte geköpft hat. (Komplexität II)

Variante 06

Siehe Variante 05, nur jeder geköpfte Ball muss jetzt mindestens einmal vorher in der eigenen Spielhälfte aufspringen bzw. die Hütchen müssen jetzt per Mini-Sprungkopfball von den Langbänken heruntergeköpft werden. (Komplexität II)

04. Dribbelfangen (Komplexität II)

Lernziele

Schnelle und enge Ballführung mit Richtungsänderungen

Spiel

Auf Lehrerpfiff jagt der Dribbelfänger die Dribbelausreißer. Kann er einem Dribbelausreißer mit der Hand auf dem Rücken abschlagen, so wird dieser der neue Dribbelfänger.

Geräte und Organisation

Vier Hütchen, ein Ball je Spieler
Vier Hütchen begrenzen das Volleyballfeld und die Spieler verteilen sich mit je einem Ball am Fuß gleichmäßig im Spielfeld.

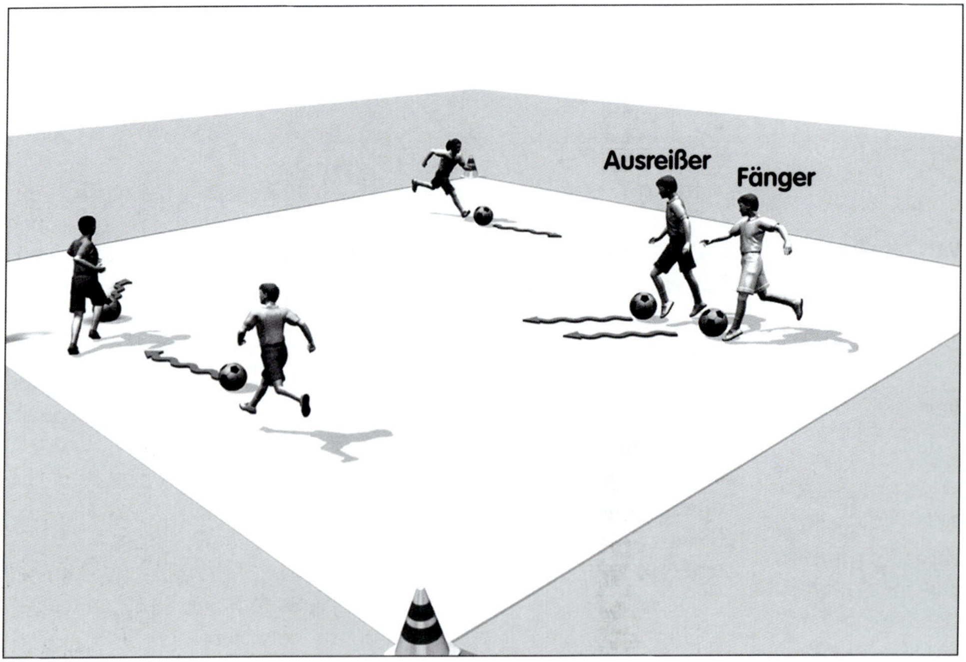

Hinweise

Dribbelfänger und Dribbelausreißer müssen ihren Ball eng am Fuß führen. Hat der Fänger beim Abschlag seinen Ball nicht eng am Fuß, so ist der Abschlag ungültig. Jeder Ausreißer, der den Ball nicht eng am Fuß führt, gilt als gefangen!
Das Spielfeld sollte relativ klein sein. Dadurch werden u. a. eine enge Ballführung, mehr Ausweichmanöver und mehr Drehungen und Wendungen mit dem Ball am Fuß provoziert!

Variante 01

Jetzt wird das Dribbelfangen als Dreierzeck durchgeführt, also A jagt B, dieser C und der dann A. (Komplexität II)

Variante 02

Jetzt wird das Dribbelfangen als Fangen bis zum letzten Spieler durchgeführt, also abgeschlagene Spieler jagen mit dem Fänger weiter. (Komplexität II)

Variante 03

Jetzt jagt der Fänger (ohne Ball am Fuß) die Dribbelausreißer. Diese Fangspielvariante bedeutet eine Erleichterung für den jeweiligen Fänger. (Komplexität II)

Variante 04

Jetzt jagt der Dribbelfänger (mit dem Ball am Fuß) die Ausreißer (ohne Ball am Fuß). Diese Fangspielvariante bedeutet eine Erschwerung für den jeweiligen Fänger. (Komplexität II)

Variante 05

Dribbelt jetzt der Ausreißer z. B. mit dem rechten Fuß, so muss auch der Fänger mit dem rechten Fuß dribbeln. Wechselt der Ausreißer den Dribbelfuß, so muss diesen auch der Fänger wechseln. Führt der Ausreißer beim Dribbeln eine ganze Drehung durch, so muss dies auch der Fänger tun. Stoppt der Ausreißer beim Dribbeln den Ball kurz mit der Fußsohle ab, so muss sich der Fänger ebenso verhalten. (Komplexität II)

Variante 06

Die Ausreißer dribbeln jetzt als Paare in Einhandfassung. Der jeweils abgeschlagene Ausreißer wird sofort der neue Fänger und der alte Fänger bildet sofort mit dem bisherigen Partner des neuen Fängers ein neues Paar. (Komplexität II)

Variante 07

Siehe Variante 06, nur die Ausreißer müssen jetzt jeweils mit dem Außenfuß dribbeln. Dadurch sind die Spieler immer wieder gezwungen, auch mit ihrem schwachen Fuß zu dribbeln. (Komplexität II)

05. Wegstoßball (Komplexität III)

Lernziele

Schnelle und enge Ballführung mit Richtungsänderungen und Ballabsicherung

Spiel

Alle Spieler dribbeln locker im Spielfeld (aktive Erholung). Auf Impuls versucht nun jeder Dribbler, seinen Ball (als Ausreißer) zu verteidigen und gleichzeitig den Ball der anderen Spieler (als Fänger) mit dem freien Fuß wegzustoßen (Belastung).
Jedes korrekte Wegstoßen eines anderen Balles wird mit einem Punkt bewertet. Bei jedem Wegstoßen des eigenen Balles durch einen anderen Spieler wird ein Punkt abgezogen. Welcher Spieler erreicht z. B. nach 30 Sek. die meisten Punkte?

Geräte und Organisation

Vier Hütchen, ein Gymnastikball je Spieler
Vier Hütchen begrenzen das Volleyballfeld und die Spieler mit je einem Ball am Fuß sind gleichmäßig im Spielfeld verteilt.

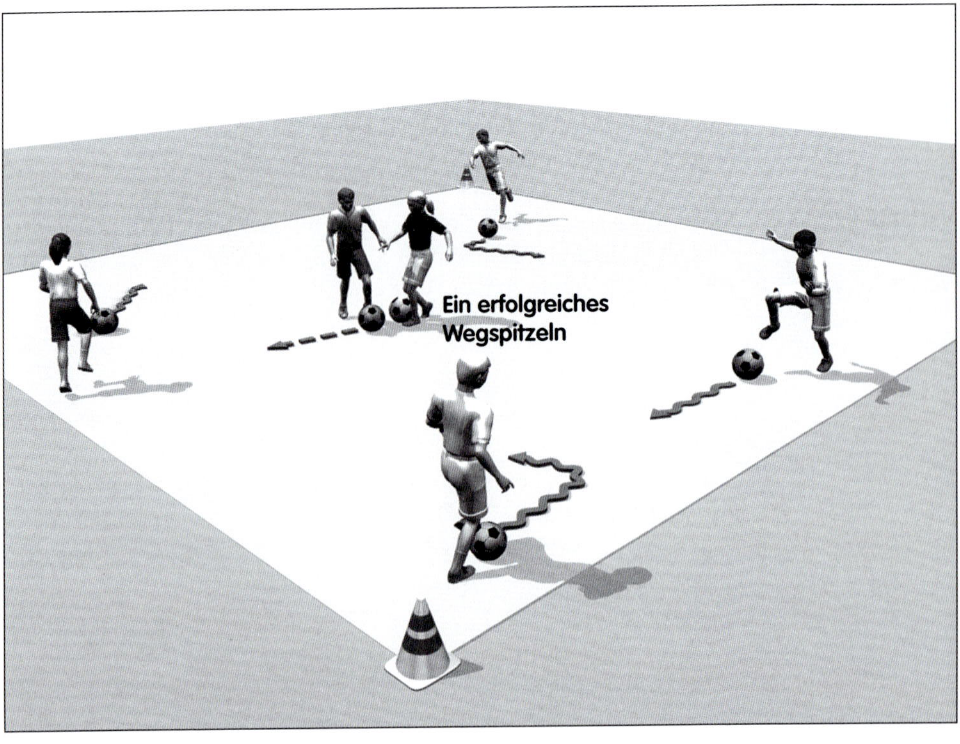

Hinweise

Die Spieler müssen ihren Ball eng führen und diesen vor den anderen Spielern gut mit dem Körper abschirmen!
Die Bälle der anderen Spieler sollen relativ weich und kurz abgeschossen (weggespitzelt) werden. Werden Bälle scharf abgeschossen, so entstehen zu große Spielunterbrechungen!
Das Wegspitzeln eines gegnerischen Balles ist nur dann gültig, wenn der Fänger dabei seinen Ball eng am Fuß führt!

Variante 01

Andere Bälle wie leichte Fußbälle, Handbälle, Volleybälle oder Rugbybälle werden jetzt benutzt bzw. die Spieler müssen eine vorher vom Trainer bestimmte Dribbeltechnik (z. B. mit der Außenseite) anwenden. (Komplexität III)

Variante 02

Zwei Gruppen mit z. B. jeweils fünf Spielern werden jetzt gebildet. Die Spieler der einen Gruppe erhalten je einen Ball und sind die Dribbelausreißer. Die Spieler der anderen Gruppe – jeweils ohne Ball – sind die „Ballwegstoßer“. Diese versuchen nun in der Spielzeit möglichst oft den Dribbelausreißern ihre Bälle wegzustoßen. Die Dribbelausreißer aber sind bemüht, ihre Bälle möglichst gut vor den „Ballwegstoßern“ abzuschirmen. In der nächsten Spielzeit werden die Spielaufgaben gewechselt. Welche Gruppe erzielt z. B. nach vier Spielzeiten die meisten „Wegstoßpunke“? (Komplexität III)

Variante 03

Siehe Variante 02, nur jetzt müssen auch die „Ballwegstoßer“ dribbeln. (Komplexität III)

Variante 04

Immer ein Dribbelausreißer und zwei Dribbelfänger bilden jetzt eine Spielgruppe. Auf Impuls versucht nun der Dribbelausreißer, seinen Ball vor den zwei Dribbelfängern zu schützen. Diese aber versuchen jeweils mit ihrem eigenen Ball den Ausreißerball abzuschießen. Nach jedem Ballabschuss wechseln der Dribbelausreißer und der erfolgreiche Dribbelfänger sofort die Aufgabe. Welcher der drei Spieler hat nach z. B. sechs Durchgängen die meisten Abschüsse erzielt bzw. war am meisten Ausreißer? (Komplexität III)

06. Ruhender Ball (Komplexität III)

Lernziele

Einen Gegner mit einer Finte und schnellen Antritt umspielen, getimter und flacher Zielpass

Spiel

Auf Impuls dribbeln die vier Angreifer aus dem linken Basketballkreis heraus, dribbeln in die Mittelzone, gelangen – ohne oder mit Zweikampf – in den Rücken der nur auf der Mittellinie verschiebenden drei Verteidiger, dribbeln kurz weiter und versuchen dann noch vor der Abschusslinie 1 den Ball so getimt in den rechten Basketballkreis zu passen, dass er dort liegen bleibt.
Jeder Pass, an dessen Ende der Ball im rechten oder linken Basketballkreis liegen bleibt, wird als ein Tor gewertet.

Geräte und Organisation

Sechs Hütchen, ein Ball je Angreifer
Die Angreifer – hier vier – stehen mit dem Ball am Fuß im – hier linken – Basketballkreis. Die Verteidiger – hier drei – stehen im gleichen Abstand auf der Mittellinie. Die Mittelzone wird rechts und links von den Abschusslinien 1 und 2 begrenzt.

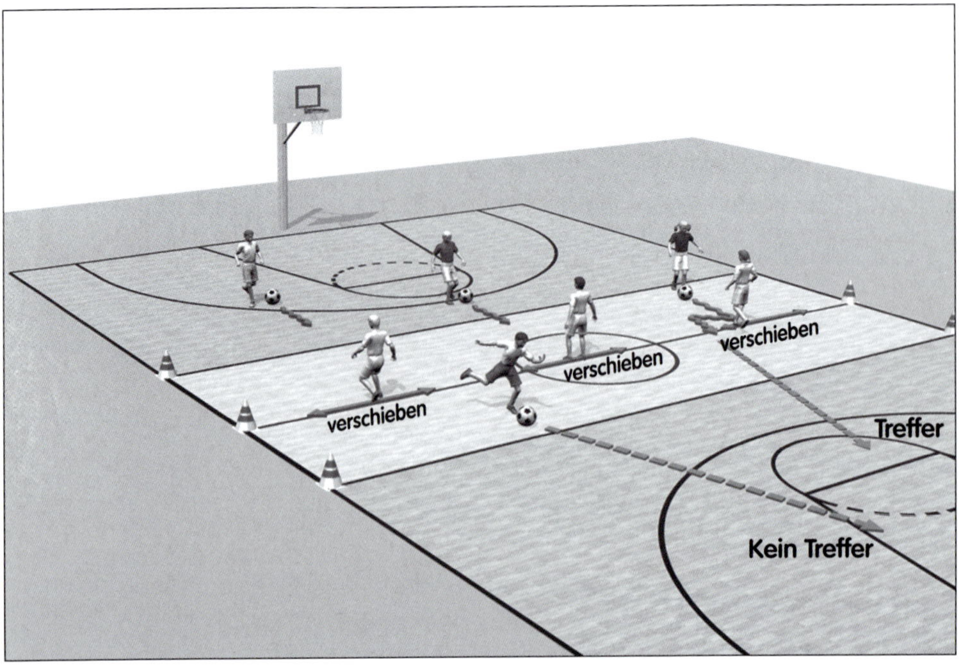

Hinweise

Bei diesem Torschussspiel ist der getimte und platzierte Flachpass gefragt!
Verliert ein Angreifer einen Zweikampf oder sein Ball verlässt das Spielfeld, so ist dieser Durchgang für ihn beendet!
Der zweite Durchgang Richtung linker Basketballkreis beginnt erst dann, wenn alle vier Angreifer mit dem Ball am Fuß im rechten Basketballkreis sind!
Ein Torschuss nach einer der zwei Abschusslinien kann nicht als Tor gewertet werden!
Die drei Verteidiger müssen sich nach jedem Durchgang zu den Angreifern hin drehen!
Wird ein in einem der beiden Basketballkreise ruhender Ball von einem anderen Angreifer herausgeschossen, so wird das dennoch als Tor gewertet!

Variante 01

Der Ball muss jetzt jeweils mit der Fußspitze bzw. mit dem schwachen Bein in einen der zwei Basketballkreise gepasst werden. (Komplexität III)

Variante 02

Der Ball muss jetzt jeweils vor dem Zielpass kurz mit der Fußsohle abgestoppt werden bzw. kurz vor dem Zielpass müssen die Spieler jeweils eine Passfinte durchführen. (Komplexität III)

Variante 03

Die drei Verteidiger dürfen sich jetzt in der Mittelzone frei bewegen. (Komplexität III)

Variante 04

Im linken und im rechten Basketballkreis agiert jetzt jeweils ein „Ballkontrolleur“. Können die Angreifer einen der beiden „Ballkontrolleure“ noch vor der Abschusslinie eins oder zwei so flach anspielen, dass dieser den Ball in seinem Basketballkreis kontrollieren kann, dann wird diese Passaktion für beide (Angreifer und Torhüter) als ein Tor gewertet. (Komplexität III)

Variante 05

Siehe Variante 04, nur jetzt agiert jeweils im linken und im rechten Basketballkreis ein Torhüter. Die Angreifer müssen jetzt die Pässe halbhoch bis reich-hoch spielen und die Torhüter die Bälle direkt aus der Luft fangen. (Komplexität III)

07. Dribbel-Ballrauben (Komplexität II)

Lernziele

Antrittsschnelligkeit ohne und mit Ball, schnelle und sichere Ballmitnahme in die Gegenrichtung

Spiel

Auf Impuls sprintet jeweils der Spieler 1 in den mittleren Basketballkreis, nimmt einen Ball mit einer halben Drehung mit, dribbelt mit Höchsttempo in seinen Basketballkreis, stoppt den Ball mit der Fußsohle ab und schlägt den Spieler 2 ab. Nun startet dieser und übt ebenso usw. Die Dreiergruppe, die am Ende die meisten Bälle in ihrem Basketballkreis hat, ist der Sieger.

Geräte und Organisation

13 Bälle für sechs Spieler
Im mittleren Basketballkreis liegen 13 Bälle. Im rechten und linken Basketballkreis stehen sich die gegnerischen Dreiergruppen gegenüber. In beiden Gruppen gibt es den Spieler 1, 2 und 3.

Hinweise

Dieses Ballspiel schult die schnelle Ballmitnahme in die Gegenrichtung ganz ausgezeichnet!
Damit es immer einen Sieger gibt, muss die Zahl der Bälle immer eine ungerade sein!

Hinweise

Die Bälle müssen richtig (den Ball jeweils eng am Fuß) zurückgedribbelt werden. Spielt sich ein Spieler den Ball kurz vor, so wird dieser Ball aus dem Verkehr gezogen!
Wird ein Ball nicht richtig abgestoppt und rollt deshalb aus dem rechten oder linken Basketballkreis, so wird auch dieser Ball nicht mitgewertet!
Hat ein Spieler einen Ball im mittleren Basketballkreis mit dem Fuß berührt, so ist dieser Ball für den gegnerischen Spieler tabu!
Normalerweise wird dieses Ballspiel immer 7 zu 6 für eine der beiden Dreiergruppen ausgehen!

Variante 01

Die sechs Spieler müssen jetzt gleichzeitig losstarten. (Komplexität II)

Variante 02

Mit Nachstellschritten bzw. im Rückwärtslauf müssen jetzt die Spieler zum mittleren Basketballkreis starten. Dabei müssen sie kurz vor dessen Erreichen eine viertel bzw. eine halbe Drehung durchführen. (Komplexität II)

Variante 03

Mit einer bestimmten Dribbeltechnik (z. B. Vollspann) müssen jetzt die Spieler in ihren Basketballkreis zurückdribbeln. (Komplexität II)

Variante 04

Beim Zurückdribbeln zu ihrem Basketballkreis müssen jetzt die Spieler mit dem Ball am Fuß eine ganze Drehung durchführen bzw. sie müssen den Ball einmal kurz mit der Fußsohle abstoppen. (Komplexität II)

Variante 05

Nach der Ballmitnahme mit einer halben Drehung dürfen die Spieler jetzt sofort zum nächsten Spieler in ihren Basketballkreis passen. Dieser muss dort aber erst den Ball kontrollieren, bevor er zum mittleren Basketballkreis starten darf. (Komplexität II)

Variante 06

In ihrem Basketballkreis müssen jetzt die Spieler ihren Ball jeweils mit der Ferse bzw. mit dem Knie abstoppen. (Komplexität II)

08. Torhüter-Umspielung (Komplexität III)

Lernziele

Geschicktes Zweikampfverhalten, flache Zielpässe

Spiel

Auf Impuls dribbelt in jeder Dribbelzone ein Ballbesitzer los, dribbelt in die Mittelzone, umspielt einen der vier nur verschiebenden Torhüter und dribbelt durch dessen Hütchentor, dribbelt kurz weiter und passt noch vor der rechten bzw. linken Passlinie zu einem Spieler ohne Ball in die rechte bzw. linke Ballkontrollzone. Auf den nächsten Impuls beginnen die nächsten zwei Ballbesitzer zu dribbeln usw.
Jedes erfolgreiche Umspielen eines Torhüters wird mit einem Punkt bewertet. Für jede erfolgreiche Ballkontrolle erhalten der Passgeber und der Ballkontrolleur einen Punkt. Welcher Spieler erzielt z. B. nach sechs Durchgängen die meisten Punkte?

Geräte und Organisation

13 Hütchen, vier Bälle für acht Angreifer
Gleichmäßig über die Mittellinie verteilt stehen vier Hütchentore. In jedem dieser Tore steht einTorhüter In der rechten und linken Dribbel-/Ballkontrollzone befinden sich jeweils vier Spieler, wobei jeweils zwei Spieler einen Ball am Fuß haben. Die Mittelzone wird von der rechten und linken Passlinie begrenzt.
Die Torhüter 1 und 3 sind der linken Dribbel-/Ballkontrollzone zugewandt und die Torhüter 2 und 4 der rechten.

Hinweise

Bei diesem Zweikampfspiel und Passspiel ist der getimte, schnelle und platzierte Flachpass gefragt!
Die Ballbesitzer sollen möglichst sofort nach dem Umspielen eines Torhüters zu einem Spieler ohne Ball passen!
Verliert ein Angreifer einen Zweikampf gegen einen Torhüter oder sein Ball verlässt das Spielfeld, so ist dieser Durchgang für ihn beendet!
Ein Pass nach der Passlinie zu einem Spieler ohne Ball kann nicht als Punkt gewertet werden!
Die Torhüter dürfen nur Fußarbeit leisten!
Die Torhüter müssen sich immer wieder in die andere Spielrichtung drehen und orientieren!
Für dieses Passspiel ist das Volleyballfeld das ideale Spielfeld!

Variante 01

Die Torhüter dürfen jetzt auf der Mittellinie normal abwehren. (Komplexität III)

Variante 02

Vier Paare werden jetzt mit je einem Spieler mit und ohne Ball zusammengestellt und zusätzlich werden die vier Torhüter jeweils einem Spielerpaar zugeordnet. (Komplexität III)

Variante 03

Die Spieler mit Ball dürfen jetzt auch ohne Zweikampf den Ball am Torhüter vorbei und durch dessen Hütchentor zu einem Spieler ohne Ball passen. (Komplexität III)

Variante 04

Die Spieler mit Ball müssen jetzt jeweils halb-hoch bis reich-hoch zu einem Spieler ohne Ball passen. Dieser muss jetzt den Ball als Torhüter direkt aus der Luft fangen. (Komplexität III)

Variante 05

Die Spieler mit Ball müssen jetzt jeweils nach dem Umspielen eines Torhüters den Ball mit den Händen aufnehmen und dann nach Eigenvorlage zu einem Spieler ohne Ball köpfen bzw. nach Eigenvorlage direkt aus der Luft mit dem Fuß zu diesem spielen. (Komplexität III)

09. Dreieck-Umdribbeln (Komplexität I)

Lernziele

Schnelles und kurzschrittiges Dribbling mit der Außen- und Innenseite und schnellen Richtungsänderungen

Spiel

Auf Impuls dribbelt der Ballbesitzer zum Hütchendreieck, umdribbelt dieses ganz rechts- oder linksherum, dribbelt bis zum ersten Spieler der Gegenseite, schlägt den mit dem Ball am Fuß ab und trabt hinter dessen Reihe. Der erste Spieler der Gegenseite übernimmt den Ball und übt jetzt ebenso.

Geräte und Organisation

Fünf Hütchen, ein Ball
Bei jeder Mannschaft steht vor dem linken Starthütchen ein Spieler mit dem Ball am Fuß und vor dem rechten Starthütchen ein Spieler ohne Ball. Hinter den zwei Starthütchen stehen jeweils drei bis fünf Spieler in Reihe. Genau in der Mitte zwischen den zwei Starthütchen sind drei Hütchen zu einem kleinen Dreieck aufgestellt.

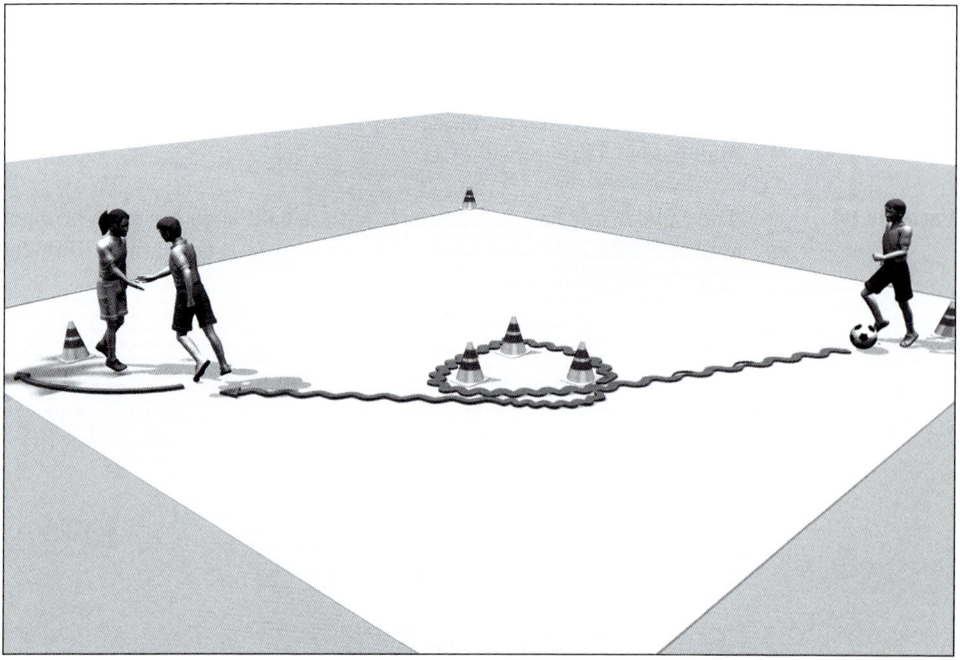

Hinweise

Die Spieler dürfen beim Umdribbeln des Hütchendreiecks kein Hütchen berühren!
Die Spieler müssen das Hütchendreieck mit der Innenseite, kurzschrittig und mit dem Ball eng am Fuß umdribbeln!

Hinweise

Dribbeln die Spieler linksherum, so müssen sie mit dem rechten Fuß dribbeln und umgekehrt!
Diese Dribbelstaffel schult die balltaktische Regel Körper zwischen Ball und Gegner ganz ausgezeichnet!

Variante 01

Nach dem Umdribbeln der drei Hütchen muss jeder Spieler sofort den Ball kurz mit der Fußsohle abstoppen. (Komplexität II)

Variante 02

Die Spieler müssen jetzt sofort nach der Dreiecksumdribblung zum nächsten Spieler passen und nachstarten. Der nächste Spieler muss den Ball kurz vor dem Starthütchen kontrollieren und den Handabschlag abwarten, bevor er losdribbeln darf. (Komplexität II)

Variante 03

Die Spieler müssen jetzt ein kleines Hütchenquadrat umdribbeln. (Komplexität I)

Variante 04

Siehe Variante 03, nur die Spieler müssen jetzt beim Umdribbeln alle vier Hütchen einmal kurz mit der Innenhand antippen. (Komplexität II)

Variante 05

Siehe Variante 03, nur die Spieler müssen jetzt durch das Hütchenquadrat (über zwei Linien) zum nächsten Spieler passen und dann alle vier Hütchen umlaufen. (Komplexität II)

Variante 06

In der Mitte zwischen den zwei Starthütchen ist jetzt ein kleines Horizontal-Hütchentor aufgestellt. Auf Impuls dribbelt nun der Ballbesitzer kurz, passt getimt Richtung kleines Horizontal-Hütchentor, startet hinterher, stoppt in diesem den Ball kurz mit der Fußsohle ab, dribbelt bis zum ersten Spieler der Gegenseite, schlägt den mit dem Ball am Fuß ab und startet hinter die rechte Reihe. Der erste Spieler der Gegenseite übernimmt den Ball und übt jetzt ebenso. (Komplexität II)

10. Klemmballsprung (Komplexität II)

Lernziele

Schnelles Dribbling mit kurzen und schnellen Richtungswechseln

Spiel

Auf Impuls dribbelt der erste Spieler bis kurz vor die Slalombahn, klemmt den Ball zwischen die Unterschenkel, überspringt so das erste Hütchen, durchdribbelt in einem Rechts-Links-Bogen die zwei anderen Hütchen, dribbelt zum und mit einer halben Drehung um das Umkehrhütchen, dribbelt zurück zum Starthütchen, schlägt den zweiten Spieler ab und trabt hinter seine Reihe. Der zweite Spieler übernimmt den Ball und übt jetzt ebenso.

Geräte und Organisation

Fünf Hütchen, ein Ball
Bei jeder Mannschaft steht vor dem linken Starthütchen ein Spieler mit einem Ball am Fuß und hinter diesem stehen bis zu neun Spieler. 10 bis 15 Meter dem Starthütchen geradlinig gegenüber steht das Umkehrhütchen. Genau in der Mitte zwischen Start-und Umkehrhütchen stehen im Abstand von je einem Meter drei Hütchen als Slalombahn.

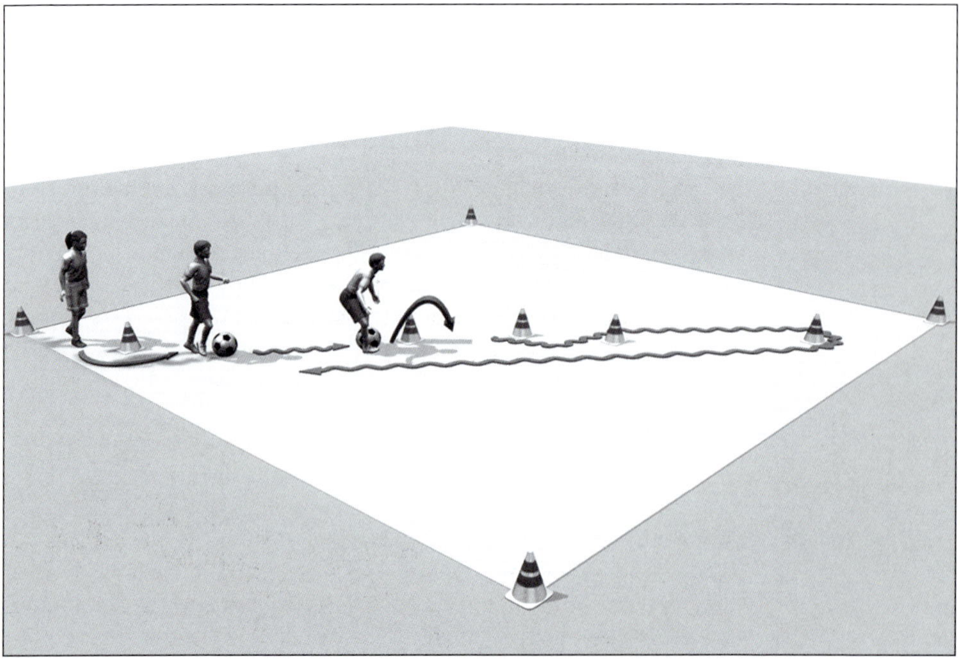

Hinweise

Es ist gar nicht so einfach, mit einem zwischen den Unterschenkeln eingeklemmten Ball über ein Hütchen zu springen. Deshalb sollte auch bei dieser Umkehrstaffel ein besonders leichter Ball verwendet werden!

Hinweise

Die Spieler dürfen beim Überspringen und Bogendribbling keines der drei Hütchen mit Ball oder Körper berühren!
Die Spieler müssen zwischen dem zweiten und dritten Slalomhütchen einen Dribbelbeinwechsel vornehmen!
Der Abstand der drei Slalomhütchen kann je nach Alter, Leistungsvermögen, Intention usw. vergrößert oder verkleinert werden!

Variante 01

Die Spieler müssen jetzt das zweite und dritte Hütchen der Slalombahn je einmal ganz umdribbeln. (Komplexität II)

Variante 02

Die Spieler müssen jetzt über das dritte Slalomhütchen spielen (Lupfpass) und dieses dann rechts oder links umlaufen. (Komplexität II)

Variante 03

Die Spieler müssen jetzt sofort nach dem Umkehrhütchen aus der Drehung zum nächsten Spieler passen und nachstarten. (Komplexität II)

Variante 04

Jetzt steht jeweils drei bis vier Meter vom Start- bzw. Umkehrhütchen entfernt ein bis zu ein Meter breites kleines Vertikal-Hütchentor. Auf Impuls dribbelt der erste Spieler bis kurz vor das erste Hütchentor, passt rechts an den beiden Hütchentoren vorbei, durchläuft diese in einem Links-Rechts- bzw. Rechts-Links-Bogen, startet zum Ball, kontrolliert diesen, dribbelt zum und um das Umkehrhütchen, dribbelt zurück zum Starthütchen, schlägt den zweiten Spieler ab und trabt hinter seine Reihe. Der zweite Spieler übernimmt den Ball und übt jetzt ebenso. (Komplexität II)

Variante 05

Siehe Variante 04, nur die Spieler müssen jetzt die zwei Hütchentore rückwärts durchlaufen (jeweils vorher und nachher eine halbe Drehung), mit Nachstellschritten durchspringen bzw. überlaufen (überspringen). (Komplexität II)

01. Dribbelkreisel (Komplexität I)

Lernziele

Kurzes und schnelles Dribbling mit vielen Richtungsänderungen, Ballfinte

Übungsaufgabe

Die Spieler dribbeln im Spielfeld durcheinander und weichen einander aus. Auf jeden Impuls (z. B. Pfiff, Handzeichen des Trainers/Lehrers) führen sie sofort mit dem Ball am Fuß eine schnelle ganze Drehung durch und dribbeln weiter.

Geräte und Organisation

Vier Hütchen, ein Ball je Spieler
Vier Hütchen begrenzen das Spielfeld und die Spieler sind mit je einem Ball am Fuß im Spielfeld gleichmäßig verteilt aufgestellt.

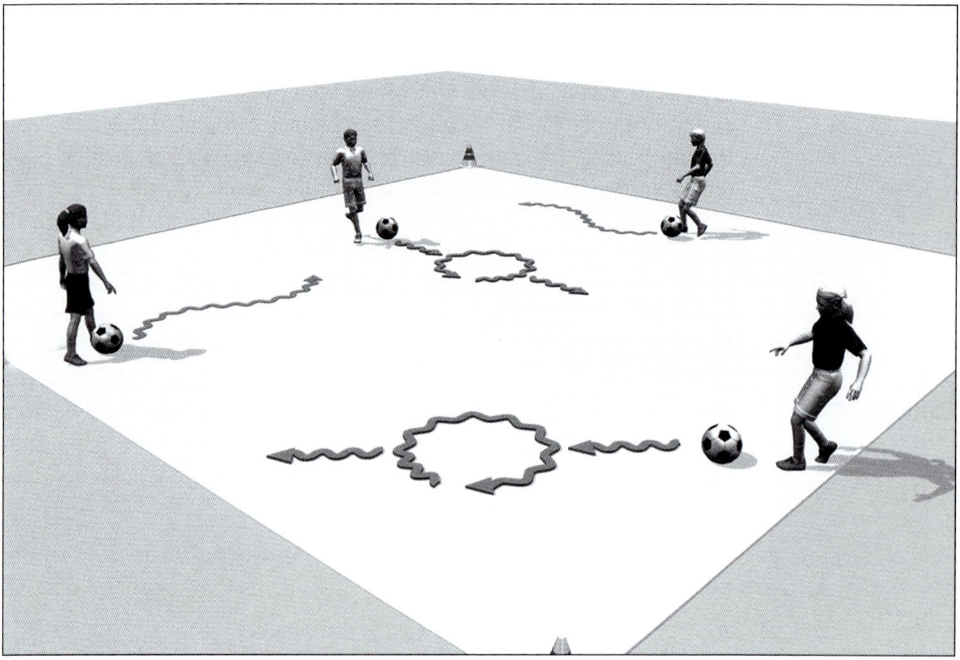

Hinweise

Die Größe des Spielfeldes richtet sich u. a. nach der Anzahl, dem Alter und dem Leistungsvermögen der Spieler!
Das Dribbeltempo richtet sich vor allem nach der Aufwärmphase (Dribbeltrab am Anfang, hohes Dribbeltempo am Ende)!
Die Spieler sollen das Dribbeln und den Dribbelkreisel auch immer wieder mit dem schwachen Fuß durchführen!
Die Spieler sollen den Dribbelkreisel mit einem engen Radius durchführen!

Variante 01

Die Spieler müssen jetzt auf Impuls vor der schnellen ganzen Drehung mit dem Ball am Fuß eine Passfinte durchführen bzw. den Ball kurz mit der Fußsohle abstoppen. (Komplexität I)

Variante 02

Die Spieler müssen jetzt den Ball auf Impuls kurz mit der Fußsohle abstoppen, diesen mit der Fußsohle nach hinten „ziehen“, eine halbe Drehung durchführen, zum Ball starten, diesen kontrollieren und wieder dribbeln. (Komplexität I)

Variante 03

Siehe Variante 02, nur die Spieler müssen jetzt den Ball mit der Ferse nach hinten spielen. (Komplexität I)

Variante 04

Die Spieler müssen sich jetzt den Ball auf Impuls kurz vorspielen, nachsetzen, den rollenden Ball einmal vorwärts-seitwärt-rückwärts umlaufen, diesen kontrollieren und wieder dribbeln. (Komplexität II)

Variante 05

Siehe Variante 04, nur die Spieler müssen jetzt dem Ball mit Nachstellschritten bzw. im Rückwärtslauf nachstarten. (Komplexität II)

Variante 06

Die Spieler müssen sich jetzt auf Impuls den Ball kurz vorspielen, nachsetzen, den rollenden Ball rechts oder links umlaufen, die Beine grätschen, den Ball durch diese rollen lassen, nachsetzen, den Ball kontrollieren und wieder dribbeln. (Komplexität II)

Variante 07

Die Spieler müssen jetzt den Ball auf Impuls mit den Händen aufnehmen, ihn nach Eigenvorlage dreimal mit dem Kopf, dem Fuß bzw. dem Oberschenkel jonglieren, diesen fangen und dann zum Dribbeln auf den Boden ablegen. (Komplexität II)

02. Passfinte und Beinschuss (Komplexität I)

Lernziele

Passfinte, kurzer Zielpass

Übungsaufgabe

A dribbelt auf den rückwärts laufenden B zu. Führt A eine Passfinte durch, bleibt B sofort stehen und grätscht die Beine. A zielpasst B den Ball durch die Beine und startet weiter. B läuft mit einer halben Drehung zum Ball, kontrolliert diesen mit einer halben Drehung und dribbelt auf den jetzt rückwärts laufenden A zu (Aufgabenwechsel).

Geräte und Organisation

Vier Hütchen, ein Ball je zwei Spieler
Vier Hütchen begrenzen das Spielfeld und die Spielerpaare sind mit je einem Ball am Fuß von A im Spielfeld gleichmäßig verteilt aufgestellt.

Hinweise

Der Abstand zwischen A und B richtet sich u.a. nach dem Alter und Leistungsvermögen der Spieler!
Der Abstand zwischen A und B soll in etwa konstant bleiben!
Die Spieler sollen die Passfinte für den Gegner glaubhaft durchführen!
Das Dribbeltempo von A bestimmt der rückwärts-laufende B!
Die Spieler sollen die kurzen Zielpässe durch die Beine bevorzugt mit der Außenseite spielen!

Hinweise

Sobald B die Ballkontrolle mit einer halben Drehung durchführt, geht A in den Rückwärtslauf über!
B soll die halbe Drehung ohne Ball und die halbe Drehung mit Ball in etwa gleich oft rechts- und linksherum durchführen!

Variante 01

Die Spieler müssen jetzt dem Partner den Ball mit der Fußspitze bzw. dem Vollspann durch die Beine spielen. (Komplexität I)

Variante 02

Jetzt dribbelt A wieder auf den rückwärts laufenden B zu. Führt nun dieser eine schnelle ganze Drehung durch, muss A so getimt einen Flachpass zu B spielen, dass der am Ende der Drehung mühelos zurückpassen kann. Der vorwärts laufende A kontrolliert den Ball und dribbelt wieder. (Komplexität II)

Variante 03

Jetzt dribbelt A wieder auf den rückwärts laufenden B zu. Stoppt nun A den Ball plötzlich mit der Fußsohle ab und läuft rückwärts, startet B vorwärts zum Ball, nimmt diesen mit und dribbelt auf A zu usw. (Komplexität I)

Variante 04

Jetzt dribbelt A wieder auf den rückwärts laufenden B zu. Startet dieser nun A kurz entgegen, so muss A sofort einen Flachpass zu B spielen. Dieser passt direkt zum vorwärts laufenden A zurück und läuft wieder rückwärts. A kontrolliert den Ball und dribbelt wieder. (Komplexität II)

Variante 05

Siehe Variante 04, nur B muss jetzt A im steten Wechsel leicht diagonal nach rechts und links entgegenstarten und dann direkt und leicht aus der Drehung zurückpassen. (Komplexität II)

Variante 06

Siehe Variante 04 und 05, nur B muss jetzt halbhoch bis fanghoch zu A zurückpassen, der den Ball fängt und dann zum Dribbeln vor die Füße legt. (Komplexität II)

03. Seitenlinien andribbeln (Komplexität I)

Lernziele

Kurzes und enges Dribbling mit vielen Richtungs- und Tempoänderungen

Übungsaufgabe

Die Spieler dribbeln im kleinen Rechteck in der Spielfeldmitte und um den Trainer herum locker und auf engstem Raum durcheinander. Auf Impuls dribbeln sie mit Richtungs- und Tempowechsel zu den vier Seitenlinien und mit einer halben Drehung zurück ins kleine Rechteck.

Geräte und Organisation

Acht Hütchen, ein Ball je Spieler
Jeweils vier Hütchen begrenzen das Spielfeld bzw. das kleine Rechteck in der Spielfeldmitte und die Spieler sind mit je einem Ball am Fuß um den Trainer herum in diesem kleinen Rechteck gleichmäßig verteilt aufgestellt.

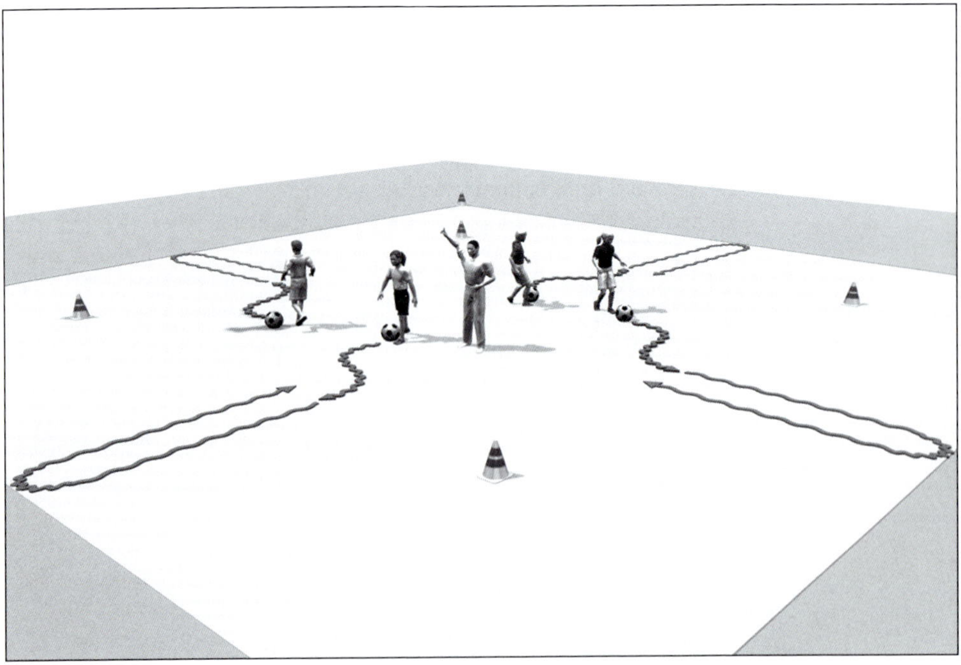

Hinweise

Die Spieler sollen ihr jeweils individuelles Anfangs-Aufwärm-Dribbeltempo (meist Dribbel-Trab) selbst herausfinden und dieses dann behutsam Schritt für Schritt steigern!
Die Spieler sollen vor dem Impuls den Ball extrem eng führen und gut mit dem Körper abdecken!

Hinweise

Die Spieler sollen stets Umschau halten (peripheres Sehen) und einander immer wieder ausweichen!
Die Spieler sollen immer wieder Richtungsänderungen (Drehungen und Wendungen) einbauen!
Die Spieler sollen die vier Seitenlinien gleichmäßig andribbeln!
Die Spieler sollen in etwa gleich oft mit dem rechten und linken Fuß dribbeln und die halben Drehungen mit dem Ball am Fuß rechts- und linksherum durchführen!

Variante 01

Die Spieler müssen jetzt den Ball vor der halben Drehung kurz mit der Fußsohle bzw. mit der Ferse abstoppen. (Komplexität I)

Variante 02

Die Spieler (jeder mit einer Zahl) dribbeln jetzt wieder in der Spielfeldmitte locker um den Trainer herum und auf engstem Raum durcheinander. Ruft der Trainer eine Zahl (hier die Eins!), so dribbelt der aufgerufene Spieler bis kurz vor den Trainer, spielt ihm hier mit dem rechten Fuß durch die jetzt gegrätschten Beine und umläuft ihn links (Bauerntrick), kontrolliert den Ball und dribbelt dann wieder auf seinen alten Platz zurück. (Komplexität II)

Variante 03

Siehe Variante 02, nur die Spieler müssen jetzt vor dem Pass durch die Trainerbeine eine Schussfinte bzw. mit dem Ball am Fuß eine ganze Drehung durchführen (Abdrehfinte). (Komplexität II)

Variante 04

Siehe Variante 02, nur der aufgerufene Spieler dribbelt jetzt auf den Trainer zu und dribbelt an der Seite an ihm vorbei, die dieser ihm per Hand anzeigt. (Komplexität II)

Variante 05

Siehe Variante 02, nur der aufgerufene Spieler dribbelt jetzt bis kurz vor den Trainer, stoppt den Ball mit der Fußsohle ab, umläuft den Trainer mit einer ganzen Drehung rechts- oder linksherum, nimmt den Ball mit und dribbelt wieder. (Komplexität II)

Variante 06

Siehe Variante 02 und 05, nur der aufgerufene Spieler muss jetzt den Trainer vorwärts-seitwärts-rückwärts umlaufen. (Komplexität II)

04. Slalomdribbling (Komplexität II)

Lernziele

Slalomdribbling mit stetem Dribbelbeinwechsel, getimter Flachpass

Übungsaufgabe

Die Spieler dribbeln vom Starthütchen aus zur Reifenbahn, durchdribbeln diese im Slalom, umdribbeln den letzten Reifen mit einer halben Drehung, passen der Reifenbahn entlang zurück, starten nach, kontrollieren den Ball etwa am Ende der Reifenbahn und dribbeln hinter die Spielerreihe.

Geräte und Organisation

Ein Hütchen, sechs Reifen, ein Ball je Spieler
Der erste Spieler steht mit seinem Ball am Fuß direkt vor dem Starthütchen. Die weiteren Spieler stehen ebenfalls mit je einem Ball am Fuß in Reihe dahinter. Etwa zwei Meter vor dem Starthütchen ist eine Reifenbahn mit sechs Reifen in Reihe und auf Lücke ausgelegt.

Hinweise

Die Reifenabstände richten sich u. a. nach dem Alter und Leistungsvermögen der Spieler!
Die Spieler sollen ihr jeweils individuelles Anfangs-Aufwärm-Tempo selbst herausfinden und dieses dann behutsam Schritt für Schritt steigern!

Hinweise

Die Spieler sollen in etwa gleich oft nach rechts mit dem rechten Fuß und nach links mit dem linken Fuß in die Reifenbahn hineindribbeln!
Der Wechsel der Dribbeltechnik von der Außen- auf die Innenseite und umgekehrt und der Dribbelbeinwechsel in der Reifenbahn soll rhythmisch und geschmeidig sein!
Die Spieler sollen sich den Ball in allen möglichen Passtechniken wie mit der Innen- und Außenseite oder dem Vollspann vorspielen!
Die Spieler sollen immer darauf achten, dass beim Üben keine Staus entstehen!

Variante 01

Die Spieler müssen jetzt den ersten und den letzten Reifen mit einer ganzen Drehung umdribbeln. (Komplexität II)

Variante 02

Die Spieler müssen jetzt mit einem Fuß durch die Reifen und die Lücken laufen und rechts oder links daneben dribbeln. Dabei ist darauf zu achten, dass die Reifen nicht berührt werden dürfen. (Komplexität II)

Variante 03

Die Spieler müssen jetzt auf dem Hinweg den Ball rechts oder links an den Reifen vorbeispielen, diese zur anderen Seite hin umlaufen und dann den Ball mit einer halben Drehung kontrollieren. (Komplexität II)

Variante 04

Siehe Variante 03, nur die Spieler müssen jetzt die Reifen im Slalom durchlaufen. (Komplexität II)

Variante 05

Siehe Variante 03, nur die Spieler müssen jetzt die Reifen überlaufen. (Komplexität II)

Variante 06

Siehe Variante 03, nur die Spieler müssen jetzt von Reifen zu Reifen springen. (Komplexität II)

Variante 07

Die Spieler müssen jetzt vor dem Pass zurück eine Passfinte durchführen. (Komplexität II)

Variante 08

Die Spieler müssen jetzt den Ball zurücklupfen. (Komplexität II)

05. Kastenlupf (Komplexität II)

Lernziel

Getimter Lupfpass gegen Hindernisse, Ballkontrolle nach rechts und links

Übungsaufgabe

Die Spieler dribbeln vom Starthütchen bis zum Hütchentor, lupfen den Ball so getimt gegen den großen Kasten, dass er von dort auf das Polster des kleinen Kastens und dann auf den Boden zurückspringt, starten nach, kontrollieren den Ball nach rechts oder links, dribbeln mit einer halben Drehung außen um ein Hütchen des Hütchentores und dribbeln hinter die Spielerreihe.

Geräte und Organisation

Drei Hütchen, ein kleiner Kasten, ein großer Kasten, ein Ball je Spieler

Der erste Spieler steht mit seinem Ball am Fuß direkt vor dem Starthütchen. Die weiteren Spieler stehen ebenfalls mit je einem Ball am Fuß in Reihe dahinter. Etwa zwei Meter vor dem Starthütchen steht ein Hütchentor als Lupflinie, danach folgt im gleichen Abstand ein kleiner Kasten quer und kurz dahinter ein großer Kasten quer.

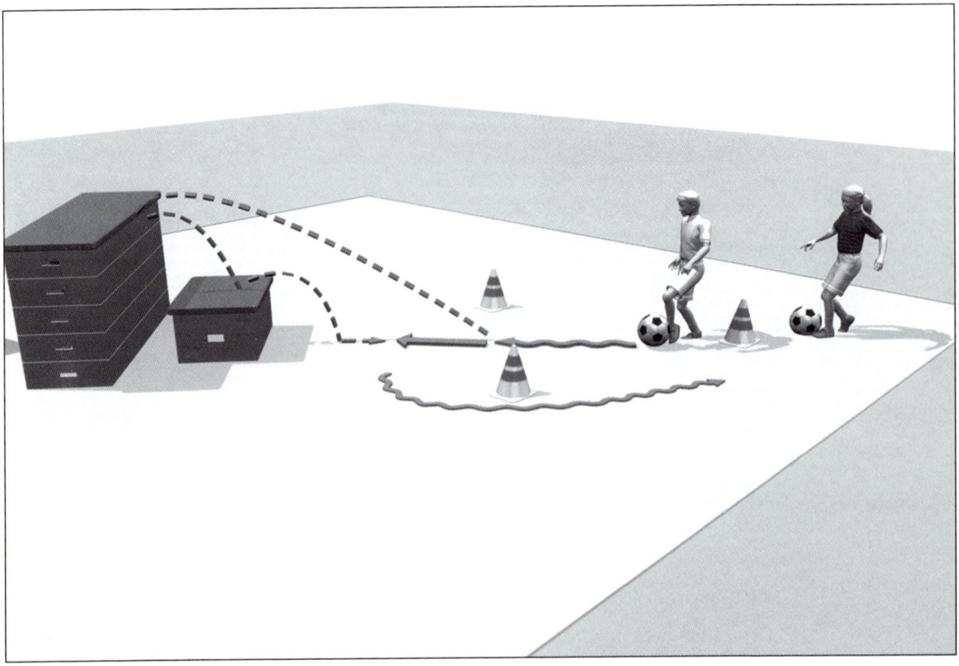

Hinweise

Die Abstände der Geräte zueinander richten sich u. a. nach dem Alter und Leistungsvermögen der Spieler!
Die Spieler sollen ihr jeweils individuelles Anfangs-Aufwärm-Tempo selbst herausfinden und dieses dann behutsam Schritt für Schritt steigern!
Die Spieler sollen in etwa gleich oft mit dem rechten und linken Fuß gegen den großen Kasten lupfen!
Die Spieler sollen in etwa gleich oft rechts- und linksherum zurückdribbeln (Beidfüßigkeit)!
Die Spieler sollen beim Lupfen mit locker gestrecktem Spann unter den Ball kommen und den Rumpf dabei leicht zurücklegen!

Variante 01

Die Spieler müssen jetzt vor dem Lupfpass den Ball kurz mit der Fußsohle abstoppen bzw. eine Passfinte durchführen. (Komplexität II)

Variante 02

Die Spieler müssen jetzt vor dem Lupfpass mit dem Ball am Fuß eine ganze Drehung durchführen. (Komplexität II)

Variante 03

Die Spieler müssen jetzt den Ball so getimt gegen den großen Kasten lupfen, dass der direkt über den kleinen Kasten auf den Boden zurückspringt. (Komplexität II)

Variante 04

Die Spieler müssen jetzt einen Flachpass gegen den kleinen Kasten spielen, nachstarten und dann den zurückspringenden Ball direkt gegen den großen Kasten lupfen. (Komplexität II)

Variante 05

Siehe Variante 04, nur die Spieler müssen jetzt den zurückspringenden Ball mit den Händen aufnehmen und dann nach Eigenvorlage gegen den großen Kasten köpfen bzw. sie müssen den Ball direkt aus der Luft mit dem Fuß spielen. (Komplexität II)

Variante 06

Der kleine Kasten wird jetzt entfernt.
Die Spieler müssen jetzt flach gegen den großen Kasten spielen, nachstarten und dann den zurückspringenden Ball mit einer halben Drehung kontrollieren. (Komplexität II)

Variante 07

Die Spieler müssen jetzt halbhoch gegen den großen Kasten spielen, nachstarten, den zurückspringenden Ball als Torhüter fangen, den Ball ablegen und dann mit einer halben Drehung zum Dribbling mitnehmen. (Komplexität II)

06. Minitrampolinkopfball (Komplexität II)

Lernziele

Zielpass per Kopf mit hohem koordinativen Anteil, Rhythmusgefühl

Übungsaufgabe

Die Partner laufen auf dem Minitrampolin bzw. am Boden auf der Stelle. Dabei wirft der Spieler am Boden stets im beidhändigen Schockwurf zu und der Spieler auf dem Minitrampolin köpft immer direkt zurück.

Geräte und Organisation

Ein Hütchen, ein Minitrampolin und ein Ball je zwei Spieler
Der eine Partner steht mit dem Ball in den Händen direkt vor dem Starthütchen und der andere Partner auf dem Minitrampolin.

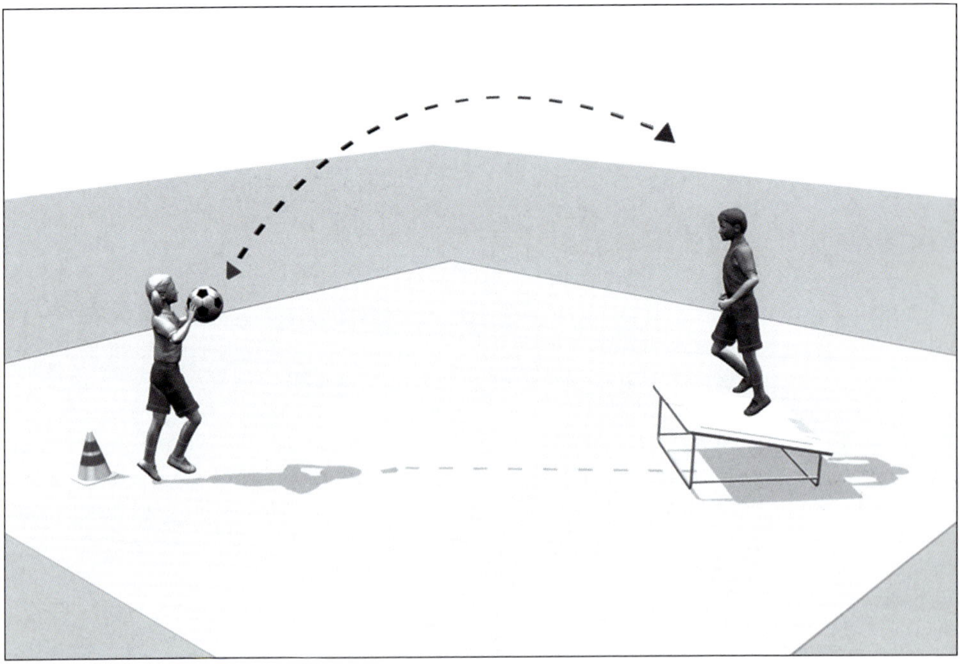

Hinweise

Dic Partner sollen zuerst langsam auf der Stelle laufen und dann das Lauftempo behutsam Schritt für Schritt steigern!
Den Lauf-, Wurf- und Rückköpfrhythmus bestimmt immer der Partner auf dem Minitrampolin!
Den Rückköpfrhythmus mit dem Laufrhythmus abzustimmen, erfordert ein ausgeprägtes Rhythmusgefühl und sehr viel Übung!
Vor allem Grundschulkinder üben mit großer Freude am Minitrampolin. Allerdings muss der Sportlehrer vorher regelmäßig und über einen längeren Zeitraum hinweg mit großem methodischem und pädagogischem

Hinweise

Geschick die Voraussetzungen schaffen, dass die gestellten Aufgaben ohne größere Probleme und verletzungsfrei bewältigt werden können. Dies gilt besonders dann, wenn Bälle mit im Spiel sind!
Die Spieler sollen beim Kopfball immer die Augen offen halten und den Ball mit der Stirn treffen!
Der Lehrer muss auch darauf achten, dass genügend Minitrampolins zur Verfügung stehen!

Variante 01

Der Partner auf dem Minitrampolin muss jetzt den Ball immer direkt aus der Luft mit dem Fuß bzw. mit dem Oberschenkel zurückspielen. (Komplexität II)

Variante 02

Der Partner auf dem Minitrampolin muss jetzt ständig kurz anfersen bzw. beidbeinig springen. (Komplexität II)

Variante 03

Jetzt wird in Einzelarbeit und in Reihe geübt.
Der erste Spieler steht mit seinem Ball in der Hand direkt vor dem Starthütchen. Die weiteren Spieler stehen ebenfalls mit je einem Ball in der Hand in Reihe dahinter. Etwa ein bis zwei Meter vor dem Starthütchen steht ein Minitrampolin den Berg hinunter.
Die Spieler werfen sich vom Starthütchen aus den Ball im beidhändigen Schockwurf kurz hoch, Zielköpfen auf die Absprungfläche des Minitrampolins, umlaufen es rechts oder links, kontrollieren den Ball möglichst direkt aus der Luft und mit einer halben Drehung mit dem Fuß und dribbeltraben hinter die Spielerreihe. (Komplexität II)

Variante 04

Die Spieler müssen jetzt den Ball direkt aus der Luft mit dem Oberschenkel bzw. mit der Brust kontrollieren. (Komplexität II)

Kapitel

3

Ballspiele mit der Hand
Übungen mit der Hand

01. Sitzprellen (Komplexität I)

Lernziele

Prellen mit koordinativem Anteil, peripheres Sehen

Spielaufgabe

Wer kann in der Spielzeit möglichst oft auf ein Hütchen zuprellen, dieses kurz prellend vorwärts übergrätschen (Grätschprellen), sich darauf absetzen, so je dreimal mit der rechten und linken Hand prellen und sich danach wieder aufrichten?
Jedes korrekte, insgesamt sechsmalige Prellen auf einem Hütchen sitzend wird mit einem Punkt bewertet. Welcher Spieler erzielt am Ende der Spielzeit die meisten Punkte?

Geräte und Organisation

14 Hütchen, ein Ball je Spieler
Vier Hütchen begrenzen das Volleyballfeld, zehn Hütchen und die Spieler mit je einem Ball in der Hand sind im Spielfeld gleichmäßig verteilt aufgestellt.

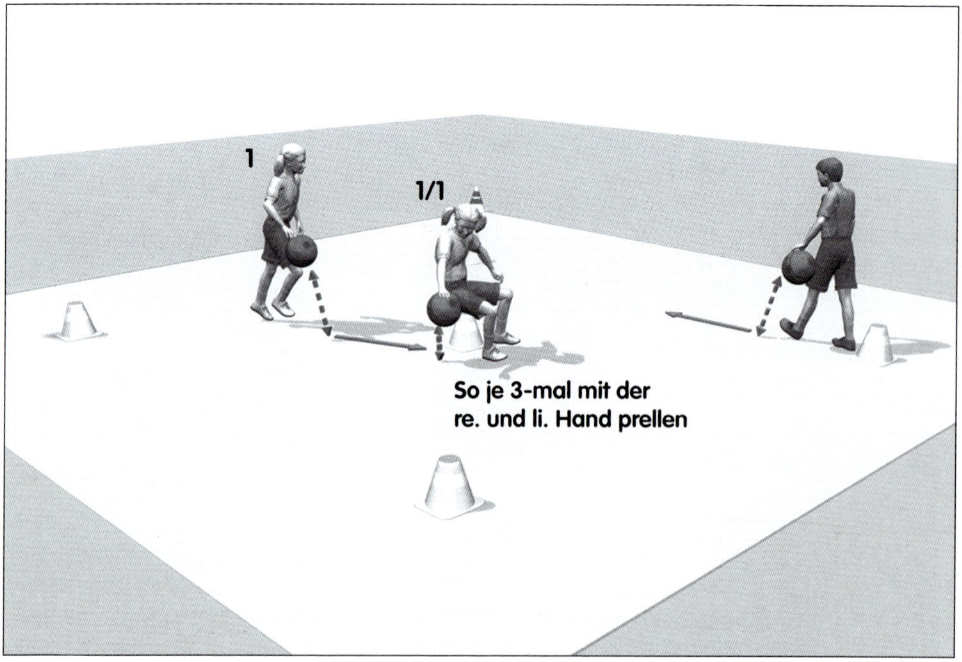

Hinweise

Die Spieler dürfen beim Grätschprellen über die Hütchen diese nicht berühren!
Die Spieler sollen das Grätschprellen in etwa gleich oft mit der rechten und der linken Hand durchführen!

Die Spieler sollen sich sehr vorsichtig und weich auf die Hütchen absetzen!

Variante 01

Die Spieler müssen jetzt im steten Wechsel rechts und links prellen. (Komplexität I)

Variante 02

Die Spieler müssen jetzt die Hütchen vor dem Absetzen einmal prellend ganz umlaufen. (Komplexität II)

Variante 03

Die Spieler müssen jetzt auf die Hütchen zuprellen, einen Fußballen auf die Hütchenspitze setzen, so dreimal mit der Gegenhand prellen und dann den Fuß wieder absetzen. (Komplexität I)

Variante 04

Die Spieler müssen jetzt auf die Hütchen zuprellen, mit der Innenhand auf die Hütchenspitze tippen und in dieser Position das Hütchen mit der Außenhand mit einer halben Drehung umprellen. (Komplexität I)

Variante 05

Die Spieler müssen jetzt auf die Hütchen zuprellen, den Ball auf die Hütchenspitze legen, diese und den Ball beidfüßig bzw. auf einem Bein aus dem Stand überspringen, eine halbe Drehung durchführen und dann den Ball mit beiden Händen aufnehmen. (Komplexität II)

Variante 06

Die Spieler müssen jetzt auf die Hütchen zuprellen, den Ball auf die Hütchenspitze legen, Hütchen und Ball kurz beidhändig anheben, wieder absetzen und dann den Ball wieder von der Hütchenspitze nehmen. (Komplexität II)

02. Hütchen überprellen (Komplexität II)

Lernziele

Schnelles und sicheres Prellen, Prellen mit koordinativem Anteil

Spielaufgabe

Wer kann in der Spielzeit möglichst oft auf ein Hütchen zuprellen, den Ball mit der Hand über das Hütchen drücken, dieses umlaufen und dann den Ball nach dem zweiten Bodenkontakt fangen?
Jedes korrekte Drücken des Balles mit der Hand über ein Hütchen wird mit einem Punkt bewertet. Welcher Spieler erzielt am Ende der Spielzeit die meisten Punkte?

Geräte und Organisation

14 Hütchen, ein Ball je Spieler
Vier Hütchen begrenzen das Volleyballfeld, zehn Hütchen und die Spieler mit je einem Ball in der Hand sind im Spielfeld gleichmäßig verteilt aufgestellt.

Hinweise

Der Ball darf beim Überfliegen der Hütchen diese nicht berühren!
Je kräftiger die Spieler den Ball gegen den Boden drücken, desto mehr Fangzeit haben sie!
Die Spieler sollen die Hütchen in etwa gleich oft rechts und links umlaufen!

Variante 01 Die Spieler müssen jetzt den Ball nach dem Überfliegen der Hütchen nach nur einem Bodenkontakt fangen bzw. diesen sofort aus der Luft weiterprellen. (Komplexität I)

Variante 02 Die Spieler müssen jetzt den Ball aus dem Prellen heraus beidhändig über das Hütchen werfen, dieses umlaufen und dann den Ball nach nur einem Bodenkontakt, direkt aus der Luft bzw. direkt aus der Luft und im Sprung fangen. (Komplexität I)

Variante 03 Die Spieler müssen jetzt die Hütchen überlaufen bzw. mit einer ganzen Drehung umlaufen. (Komplexität II)

Variante 04 Die Spieler müssen jetzt mit dem Ball in den Händen jeweils auf ein Hütchen zulaufen, dieses so überspringen, zu einem zweiten Hütchen starten, den Ball mit einer Hand und mit einer halben Drehung um dieses rollen und ihn dann wieder mit beiden Händen aufnehmen. (Komplexität II)

Variante 05 Die Spieler müssen jetzt auf die Hütchen zuprellen, mit einer Hand gegen diese zielrollen (Kegeln), zum Ball starten und diesen ganz kurz vor den Hütchen wieder zum Prellen aufnehmen. (Komplexität II)

Variante 06 Die Spieler müssen jetzt auf die Hütchen zuprellen, kurz vor diesen den Ball senkrecht gegen den Boden prellen, die Hütchen mit einer ganzen Drehung umlaufen und dann weiterprellen. (Komplexität I)

04. Ball in den Kasten (Komplexität II)

Lernziele

Einen Gegner mit einer Finte und schnellem Antritt umlaufen, genauer Wurf in ein relativ kleines Ziel

Spiel

Auf Impuls laufen die beiden Spieler 1 mit ihrem Ball in den Händen (noch keine 3-Sekunden- und 3-Schritte-Regel!) in die Zweikampf- und Zielwurfzone und versuchen möglichst schnell ihren Ball gegen den Widerstand der drei Verteidiger in einen der zwei offenen großen Kästen zu werfen. Nach erfolg- oder nicht erfolgreichem Zielwurf kommt der nächste Impuls und die beiden Spieler 2 starten usw.
Welcher Angreifer erzielt z. B. nach sechs Durchgängen die meisten Kastentore?

Geräte und Organisation

Acht Hütchen, zwei offene große Kästen, ein Ball je Angreifer
Jeweils drei Angreifer (je 1 bis 3) befinden sich mit je einem Ball in den Händen in der Anlaufzone 1 und 2, genau in der Mitte der mittleren Zweikampf- und Zielwurfzone stehen zwei offene große Kästen quer und direkt nebeneinander und um diese herum stehen die drei Verteidiger.

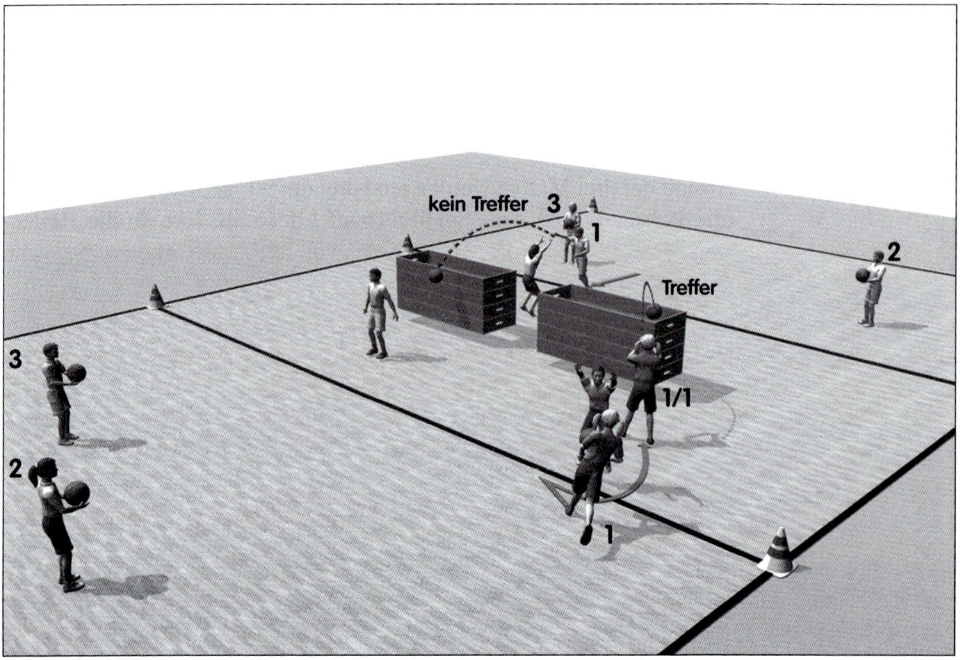

Hinweise

Fängt ein Verteidiger einen Zielwurf ab, so wirft er den Ball sofort in einen der zwei offenen Kästen!
Nach jedem Durchgang holen die sechs Angreifer ihren Ball aus der Zweikampf- und Zielwurfzone (auch aus den zwei offenen Kästen) oder von sonst wo und traben mit ihrem Ball in den Händen in ihre Anlaufzone zurück!
Gerade in der Grundschule soll mit kleinen und leichten Bällen gespielt werden!
Fouls sind grundsätzlich verboten!
Durch die relativ kleine Zielfläche sind die Spieler gezwungen, platziert zu werfen!
Die jeweils zwei Angreifer sollen versuchen, möglichst ohne Zweikampf in einen der zwei offenen Kästen zu werfen. Dadurch werden Bogenbälle (Korbwürfe) provoziert!
Verliert ein Angreifer einen regelgerechten Zweikampf oder sein Ball verlässt das Spielfeld, so ist für ihn dieser Durchgang beendet!
Wehrt ein Verteidiger einen Zielwurf ab, aber der Angreifer kommt wieder in Ballbesitz, so darf dieser noch einmal seine Wurfchance suchen!
Nach jedem Durchgang tauschen die drei Verteidiger mit drei Angreifern ihre Position!

Variante 01

Die Angreifer müssen jetzt in ihrer Anlaufzone und in der Zweikampf- und Zielwurfzone prellen. (Komplexität III)

Variante 02

Die zwei offenen großen Kästen werden jetzt nur von zwei Verteidigern beschützt. Dadurch wird der Zielwurf für die jeweils zwei Angreifer erleichtert. (Komplexität II)

Variante 03

Die zwei offenen großen Kästen werden jetzt durch zwei große Kästen (jeweils mit Kastenoberteil) ersetzt. Die Angreifer müssen jetzt gegen den Widerstand der Verteidiger die Vorder- oder die Rückseite eines der zwei großen Kästen treffen. (Komplexität II)

Variante 04

Auf die zwei großen Kästen werden jetzt vier Softbälle gleichmäßig verteilt aufgelegt. Die Angreifer müssen jetzt gegen den Widerstand der Verteidiger die Softbälle von den zwei großen Kästen herunterwerfen. (Komplexität II)

05. Rückprellball (Komplexität II)

Lernziele

Sicheres Prellen, wohl getimter Zielwurf aus dem Prellen heraus

Spiel

Auf Impuls prellen die vier Angreifer in die Prell- und Wurfzone und versuchen noch vor der Abwurflinie so gezielt und getimt gegen die linke Hallenwand zu werfen, dass einer der drei Torhüter ihren zurückprellenden Ball direkt aus der Luft fangen kann.
Jedes erfolgreiche Torhüter-Fangen wird für den Werfer und den Torhüter mit einem Punkt bewertet. Welcher Spieler erzielt z. B. nach sechs Durchgängen die meisten Punkte?

Geräte und Organisation

Sechs Hütchen, ein Ball je Angreifer
Die vier Angreifer stehen mit je einem Ball in den Händen gleichmäßig verteilt – hier rechts – in der Prellstartzone und in der Mitte ist die Prell- und Wurfzone markiert. Diese wird – hier nach links – von der Abwurflinie begrenzt. Vor der – hier linken – Hallenwand stehen gleichmäßig auf Lücke drei Torhüter. Die – hier linke – Tabuzone entspricht dem Torraum im Handball.

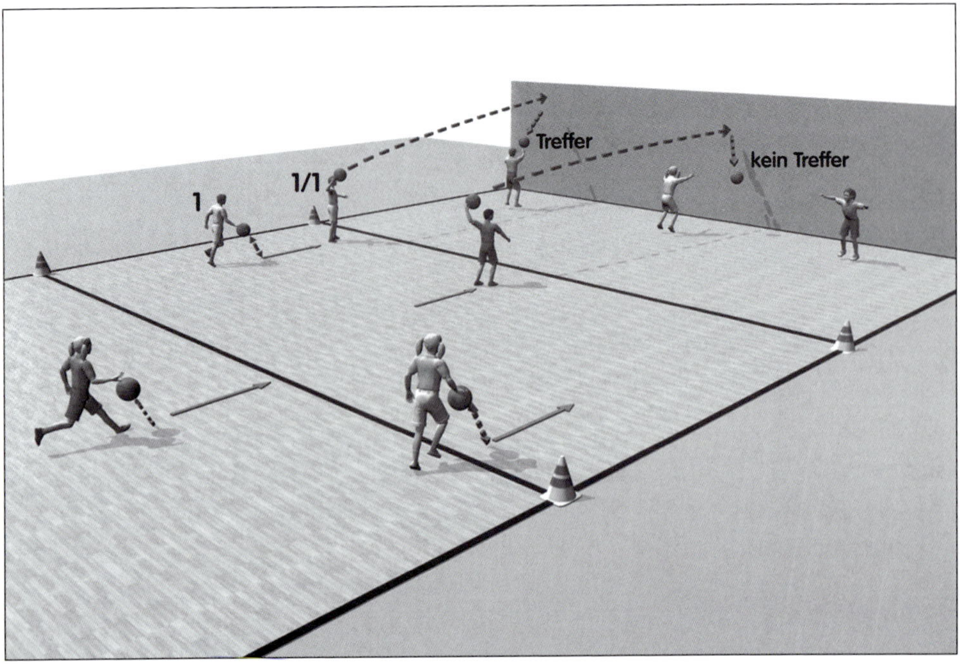

Hinweise

Hat ein Torhüter einen Ball gefangen, so muss er ihn sofort an der Hallenwand auf den Boden legen!
Ein Angreifer muss immer so lange mit seinem Zielwurf warten, bis einer der drei Torhüter wieder fangbereit ist!
Zielwürfe nach der Abwurflinie können nicht gewertet werden!
Die Torhüter werden bei diesem Zielwurfspiel zu blitzschnellen Drehungen und Reaktionen, einem guten Auge und zu unterschiedlichsten Fangaktionen gezwungen!
Nach jedem Durchgang (maximal 15 Sek. lang) holen die vier Angreifer ihren Ball und traben mit ihm in den Händen in ihre Prellstartzone zurück!
Gerade in der Grundschule soll mit kleinen und leichten Bällen gespielt werden!
Nach z.B. fünf Wurfdurchgängen tauschen die drei Torhüter mit drei Angreifern ihre Position!

Variante 01

Jetzt müssen die Angreifer kurz vor dem Wurf gegen die Hallenwand den Torhüter namentlich aufrufen, der ihren zurückprellenden Ball fangen soll. Diese Variante stellt vor allem eine Erleichterung für die Torhüter dar. (Komplexität II)

Variante 02

Die Angreifer müssen jetzt indirekt bzw. im Sprung gegen die Hallenwand werfen und die Torhüter müssen die Bälle direkt fangen. (Komplexität II)

Variante 03

Jetzt sind die drei Torhüter die Gegner der vier Angreifer. Kann ein Angreifer seinen von der Hallenwand zurückspringenden Ball gegen Torhüter-Widerstand und nach nur einem Bodenkontakt in der Tabuzone in der Prell- und Wurfzone fangen, so erhält er einen Punkt. Diese Variante provoziert nicht nur platzierte, sondern auch scharfe Würfe. (Komplexität II)

06. Prell-Ballrauben (Komplexität II)

Lernziele

Antrittsschnelligkeit, schnelle Ballaufnahme, Prellschnelligkeit, Zielwerfen

Spiel

Auf Impuls sprintet jeweils der Spieler 1 der zwei Mannschaften zum Basketballmittelkreis, nimmt einen Ball mit einer halben Drehung auf, prellt mit Höchsttempo zu seiner Abwurflinie, wirft kurz vor dieser zu seinem Ballfänger und -ableger, schlägt den Spieler 2 ab und trabt zu seinem alten Startplatz. Nun startet der Spieler 2 und übt ebenso usw. Der Ballfänger und Ballableger legt sofort jeden gefangenen Ball auf seine Matte. Die Vierergruppe, die am Ende die meisten Bälle auf ihrer Matte liegen hat, ist Sieger.

Geräte und Organisation

Acht Hütchen, zwei Matten, 13 Bälle für acht Spieler
Das Spielfeld wird mit acht Hütchen in drei Zonen – rechts die Tabuzone1, in der Mitte die Raubzone und links die Tabuzone 2 – unterteilt. Im Basketballmittelkreis liegen 13 Bälle und direkt vor den Start- und Abwurflinien 1 und 2 stehen mittig und gleichmäßig auf Lücke die drei Preller und Zielwerfer (je 1 bis 3) der zwei Mannschaften. Jeweils mittig direkt vor den Grundlinien der Tabuzonen 1 und 2 liegt eine Matte quer und auf dieser steht der Ballfänger und -ableger der dortigen Mannschaft.

Hinweise

Dieses Ballspiel schult die schnelle Ballaufnahme in die Gegenrichtung ganz ausgezeichnet!
Damit es immer einen Sieger gibt, muss die Zahl der Bälle ungerade sein!
Hat ein Spieler einen Ball im Basketballmittelkreis mit einer Hand berührt, so ist dieser Ball für den gegnerischen Spieler tabu!
Normalerweise wird dieses Ballspiel immer 7 zu 6 für eine der beiden Vierergruppen ausgehen!
Zielwürfe nach der Abwurflinie können nicht gewertet werden!
Gerade in der Grundschule soll mit kleinen und leichten Bällen gespielt werden!
Nach jedem Durchgang des Prell-Ballraubens tauscht der jeweilige Ballfänger und -ableger seine Position mit einem Preller und Zielwerfer seiner Mannschaft!
Bälle, die der jeweilige Ballfänger und -ableger nicht fangen kann oder die von der Matte rollen, können nicht mitgewertet werden!

Variante 01

Die Spieler müssen jetzt im Rückwärtslauf (mit einer halben Drehung vorher und einer halben Drehung nachher) zum Basketballmittelkreis starten. (Komplexität II)

Variante 02

Die Spieler müssen jetzt nach der Ballaufnahme tippen und dürfen dann sofort zu ihrem Ballfänger und Ballableger werfen. (Komplexität II)

Variante 03

Die Spieler dürfen jetzt sofort nach der Ballaufnahme zu ihrem Ballfänger und Ballableger werfen. (Komplexität II)

Variante 04

Die Spieler müssen jetzt indirekt bzw. im Sprung zu ihrem Ballfänger und Ballableger werfen. (Komplexität II)

Variante 05

Die sechs Spieler müssen jetzt gleichzeitig losstarten. (Komplexität II)

07. Prellfangen (Komplexität II)

Lernziele

Schnelles und sicheres Prellen mit vielen Richtungsänderungen

Spiel

Auf Lehrerimpuls jagt der Prellfänger die Prellausreißer. Wird ein Ausreißer vom Fänger auf dem Rücken abgeschlagen, so wird er sofort der neue Prellfänger.

Geräte und Organisation

Vier Hütchen, ein Ball je Spieler
Vier Hütchen begrenzen das Spielfeld. Die Ausreißer sind mit je einem Ball in den Händen in diesem gleichmäßig verteilt aufgestellt und der Fänger, ebenfalls mit einem Ball in den Händen, steht außerhalb.

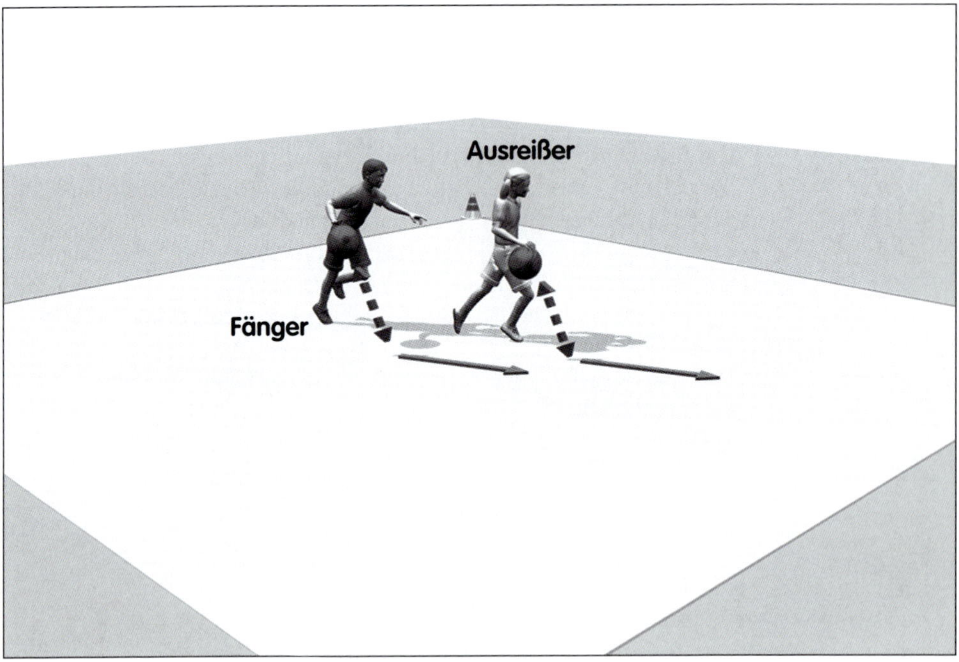

Hinweise

Der erste Fänger wird vorher vom Lehrer bestimmt!
Jeder Spieler muss seinen Ball regelgerecht (die Hand darf nicht unter den Ball kommen!) mit einer Hand prellen!
Vergisst der Fänger beim Abschlag das Prellen, so ist dieser Abschlag ungültig!
Prellt ein Ausreißer nicht regelgerecht, so gilt er als gefangen!
Das Spielfeld sollte relativ klein sein. Dadurch werden u. a. eine enge Ballführung und mehr Ausweichmanöver, Drehungen und Wendungen mit Ball provoziert!

Variante 01 Prellfangen als Dreierzeck, d.h. A fängt B, dieser C und C dann A. (Komplexität II)

Variante 02 Prellfangen bis zum letzten Spieler, d.h. wer abgeschlagen ist jagt mit dem ersten Fänger weiter. (Komplexität II)

Variante 03 Der Fänger jagt jetzt die Ausreißer ohne Ball, was für ihn eine Erleichterung darstellt. (Komplexität II)

Variante 04 Prellt jetzt der Ausreißer z.B. mit der rechten Hand, so muss auch der Fänger mit der rechten Hand prellen. Wechselt der Ausreißer die Prellhand, so muss dies auch der Fänger tun. Führt der Ausreißer beim Prellen eine ganze Drehung durch, so muss dies auch der Fänger tun. (Komplexität II)

Variante 05 Fänger und Ausreißer müssen jetzt beim Prellen hopsern, rückwärtslaufen oder mit Nachstellschritten agieren bzw. es muss ein Prellfangen mit Wechsel der Fortbewegungsart (der Ausreißer gibt dabei immer den Wechsel vor!) durchgeführt werden. (Komplexität II)

Variante 06 Die Ausreißer prellen jetzt als Paare in Einhandfassung (Handfassung jeweils mit der Innenhand und prellen jeweils mit der Außenhand). Der jeweils abgeschlagene Ausreißer wird sofort der neue Fänger und der alte Fänger bildet sofort mit dem bisherigen Partner des neuen Fängers ein Paar. Bei dieser Fangvariante sind die Spieler immer wieder gezwungen, auch mit ihrer schwachen Hand zu prellen. (Komplexität II)

08. Tag und Nacht mit Wegprellen (Komplexität II)

Lernziele

Nach einer halben Drehung reaktionsschneller Antritt zum Ball, schnelle und sichere Ballaufnahme

Spiel

Auf Impuls starten die Ausreißer jeweils mit einer halben Drehung zu ihrem Ball, nehmen ihn mit beiden Händen auf und versuchen über ihre Ziellinie zu prellen. Die Fänger setzen den Ausreißern sofort ohne Ball nach und versuchen diese vor dem Erreichen ihrer Ziellinie auf dem Rücken abzuschlagen. Abgeschlagene Spieler wechseln zur gegnerischen Gruppe. Sind nach einigen Durchgängen alle Ausreißpreller abgeschlagen, so werden die Aufgaben gewechselt.
Welche der zwei Gruppen braucht weniger Fangdurchgänge, um alle gegnerischen Ausreißpreller abzuschlagen?

Geräte und Organisation

Zwölf Hütchen, ein Gymnastikball für jeden Ausreißer
Vier Hütchen begrenzen die Grundmaße des Spielfeldes (z. B. 35 x 15 m). Jeweils einen Meter von der Mittellinie entfernt wird nach rechts und links eine Linie markiert (je zwei Hütchen). Auf diesen zwei Startlinien stehen im gleichmäßigen Abstand die Ausreißer- und Fängergruppen mit Blick zueinander. Etwa zwei Meter hinter jedem Ausreißer liegt ein Gymnastikball (diese zwei Balllinien sind jeweils mit zwei Hütchen markiert). Die zwei Grundlinien sind hier die Ziellinien. Die Ausreißer werden vorher bestimmt.

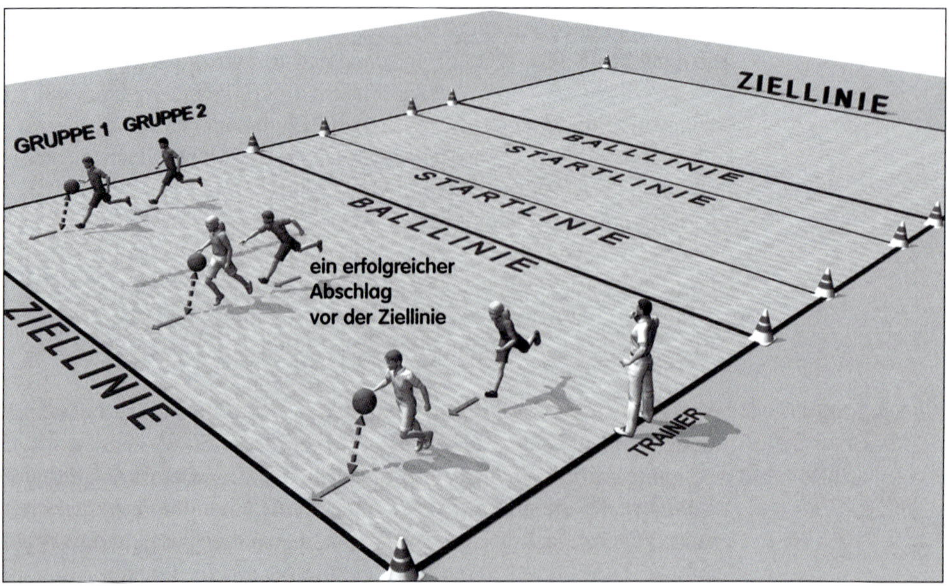

Hinweise

Ein Prellhandwechsel ist erlaubt!
Abgeschlagene Ausreißpreller rollen erst ihren Ball aus dem Spielfeld, bevor sie zur anderen Gruppe wechseln!
Der Ballabstand zu den Ausreißern und auch zu den Fängern muss je nach Alter, Leistungsstand usw. immer wieder ausgetestet werden!

Variante 01

In kurzen Abständen wird jetzt immer nur ein Ausreißer und ein Fänger aufgerufen. Dazu wird jeweils immer einem Ausreißer und einem Fänger die gleiche Zahl zugeordnet. (Komplexität II)

Variante 02

Andere Bälle (leichte Fußbälle, Handbälle, Tennisbälle oder Volleybälle) werden jetzt benutzt. (Komplexität II)

Variante 03

Die Ausgangsposition (z. B. Schneider- oder Strecksitz) wird jetzt für die Ausreißer und Fänger geändert bzw. diese ist für die Ausreißer der Stand, für die Fänger aber der Hocksitz. Dies stellt für die Ausreißer eine Erleichterung dar. (Komplexität II)

Variante 04

Die Ausreißer und die Fänger müssen jetzt mit ihrer schwachen Hand prellen bzw. die Fänger müssen vor dem Fangen eine ganze Drehung durchführen. (Komplexität II)

Variante 05

Die Fänger- und die Ausreißergruppe wird vorher nicht festgelegt. Die eine Gruppe erhält die Zahl 1 und die andere Gruppe die Zahl 2. Die jeweils zuerst aufgerufene Gruppe reißt aus und die andere Gruppe fängt. (Komplexität II)

09. Bogenprellen (Komplexität I)

Lernziele

Schnelles Prellen mit kurzen und schnellen Richtungswechseln

Spiel

Auf Impuls prellt der Ballbesitzer zum kleinen Vertikal-Hütchentor, durchprellt es in einem Rechts-Links-Bogen, prellt bis zum ersten Spieler der Gegenseite, übergibt ihm den Ball und startet hinter die rechte Reihe. Der erste Spieler der Gegenseite beginnt mit dem Prellen und übt jetzt ebenso.

Geräte und Organisation

Vier Hütchen, ein Ball
Bei jeder Mannschaft steht vor dem linken Starthütchen ein Spieler mit dem Ball in den Händen und vor dem rechten Starthütchen ein Spieler ohne Ball. Hinter den zwei Starthütchen stehen jeweils drei bis fünf Spieler in Reihe. Genau in der Mitte zwischen den zwei Starthütchen ist ein kleines Vertikal-Hütchentor aufgestellt.

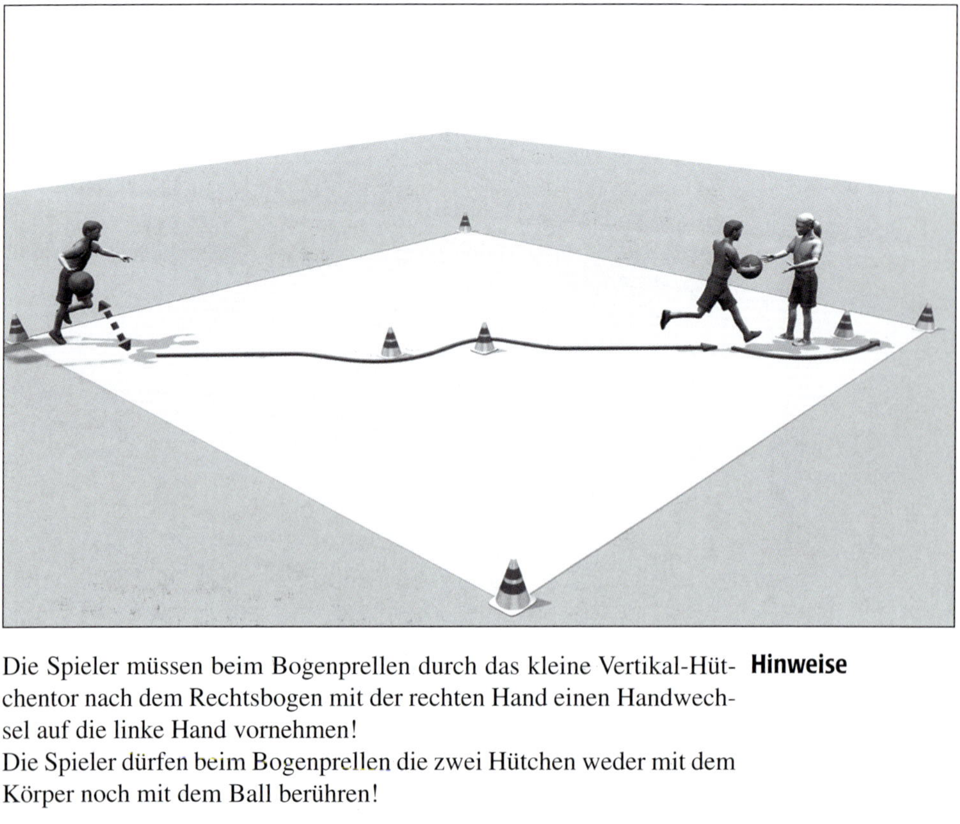

Hinweise

Die Spieler müssen beim Bogenprellen durch das kleine Vertikal-Hütchentor nach dem Rechtsbogen mit der rechten Hand einen Handwechsel auf die linke Hand vornehmen!
Die Spieler dürfen beim Bogenprellen die zwei Hütchen weder mit dem Körper noch mit dem Ball berühren!

Hinweise

Die Spieler sollen das kleine Vertikal-Hütchentor im steten Wechsel in einem Rechts-Links-Bogen und in einem Links-Rechts-Bogen durchprellen!

Variante 01

Die Spieler müssen jetzt das hintere Hütchen bzw. beide Hütchen (das eine linksherum und das andere rechtsherum) des kleinen Vertikal-Hütchentores einmal ganz umprellen oder sie müssen das kleine Vertikal-Hütchentor in einer Acht umprellen. (Komplexität I)

Variante 02

Die Spieler müssen jetzt das kleine Vertikal-Hütchentor mit Nachstellschritten durchprellen. (Komplexität I)

Variante 03

Die Spieler müssen jetzt die zwei Hütchen beim Bogenprellen jeweils kurz mit der Nichtprellhand antippen. (Komplexität II)

Variante 04

Die Spieler müssen jetzt beide Hütchen des kleinen Vertikal-Hütchentores übergrätschen bzw. übersteigen/überlaufen und dabei rechts oder links daneben prellen. (Komplexität I)

Variante 05

Die Spieler müssen jetzt den Ball mit der Hand rechts oder links an den beiden Hütchen des kleinen Vertikal-Hütchentores vorbeidrücken, diese zur anderen Seite hin umlaufen und dann sofort weiterprellen. (Komplexität I)

Variante 06

Siehe Variante 05, nur die Spieler müssen jetzt das kleine Vertikal-Hütchentor in einem Doppelbogen durchlaufen. (Komplexität I)

Variante 07

Die Spieler müssen jetzt die beiden Hütchen des kleinen Vertikal-Hütchentores überprellen und dabei rechts oder links daneben laufen. (Komplexität I)

10. Ball und Hütchenträger (Komplexität II)

Lernziele

Antrittsschnelligkeit mit koordinativer Mehrbelastung

Spiel

Auf Impuls sprintet der Ball- und Hütchenträger bis zur Mitte, stellt dort das Hütchen ab, startet bis zum ersten Spieler der Gegenseite, übergibt ihm den Ball in die Hände und startet hinter die rechte Reihe. Der erste Spieler der Gegenseite startet mit dem Ball in einer Hand bis zur Mitte, nimmt das Hütchen mit der anderen Hand auf, setzt sich dieses mit Einhandstütz auf den Kopf, startet bis zum zweiten Spieler der Gegenseite, übergibt ihm Ball und Hütchen in je eine Hand und startet hinter die linke Reihe.

Geräte und Organisation

Drei Hütchen, ein Ball
Bei jeder Mannschaft steht vor dem linken Starthütchen ein Spieler mit einem Ball in einer Hand und einem Hütchen mit Einhandstütz auf dem Kopf. Vor dem rechten Starthütchen steht ein Spieler ohne Ball und Hütchen. Hinter den zwei Starthütchen stehen jeweils drei bis fünf Spieler in Reihe.

Hinweise

Beim nächsten Durchgang beginnt die rechte Reihe mit Ball und Hütchen!
Der Abstand zwischen den beiden Starthütchen richtet sich u. a. nach dem Alter und Leistungsvermögen der Spieler!
Vor allem in der Grundschule sollte das Trage-, Abstell- und Aufnahmehütchen klein und leicht sein!
Die Spieler sollen dieses Hütchen nicht auf den Boden knallen, sondern weich abstellen!

Variante 01

Die Spieler müssen jetzt direkt nach dem Abstellen bzw. vor dem Aufnehmen des Hütchens den Ball einmal mit den Händen auf den Boden auftippen. (Komplexität II)

Variante 02

Die Spieler müssen jetzt direkt nach dem Abstellen bzw. vor dem Aufnehmen des Hütchens den Ball einmal mit einer Hand kurz hochwerfen und so wieder auffangen. (Komplexität II)

Variante 03

Die Spieler müssen jetzt das Hütchen ohne Einhandstütz auf dem Kopf tragen. (Komplexität II)

Variante 04

Die Spieler starten jetzt – in der einen Hand der Ball und in der anderen Hand das Hütchen – zur Gegenseite und übergeben so dem nächsten Spieler Ball und Hütchen. (Komplexität I)

Variante 05

Siehe Variante 04, nur die Spieler müssen jetzt auf ihrer Laufstrecke jeweils eine ganze Drehung rechtsherum und eine ganze Drehung linksherum durchführen. (Komplexität I)

Variante 06

Siehe Variante 04, nur der erste Spieler muss jetzt auf seiner Laufstrecke das Hütchen in der Mitte abstellen, den Ball vorsichtig darauf legen, zum zweiten Spieler sprinten und diesen Hand auf Hand abschlagen. Der zweite Spieler startet jetzt zu Ball und Hütchen, nimmt diese jeweils mit einer Hand auf, startet zum dritten Spieler und übergibt Ball und Hütchen ebenso usw. (Komplexität II)

Variante 07

Die Spieler prellen jetzt mit der einen Hand den Ball und tragen mit der anderen Hand das Hütchen. (Komplexität II)

01. Vor- und Rückwärtsprellen (Komplexität I)

Lernziele

Sicheres Prellen mit vielen Richtungsänderungen, Prellen mit koordinativem Anteil

Übungsaufgabe

Die Spieler prellen im Spielfeld durcheinander und weichen einander aus. Auf jeden Impuls (Pfiff, Handzeichen des Trainers/Lehrers) prellen sie sofort einige Schritte rückwärts und dann wieder vorwärts.

Geräte und Organisation

Vier Hütchen, ein Ball je Spieler
Vier Hütchen begrenzen das Volleyballfeld und die Spieler sind mit je einem Ball in der Hand im Spielfeld gleichmäßig verteilt aufgestellt.

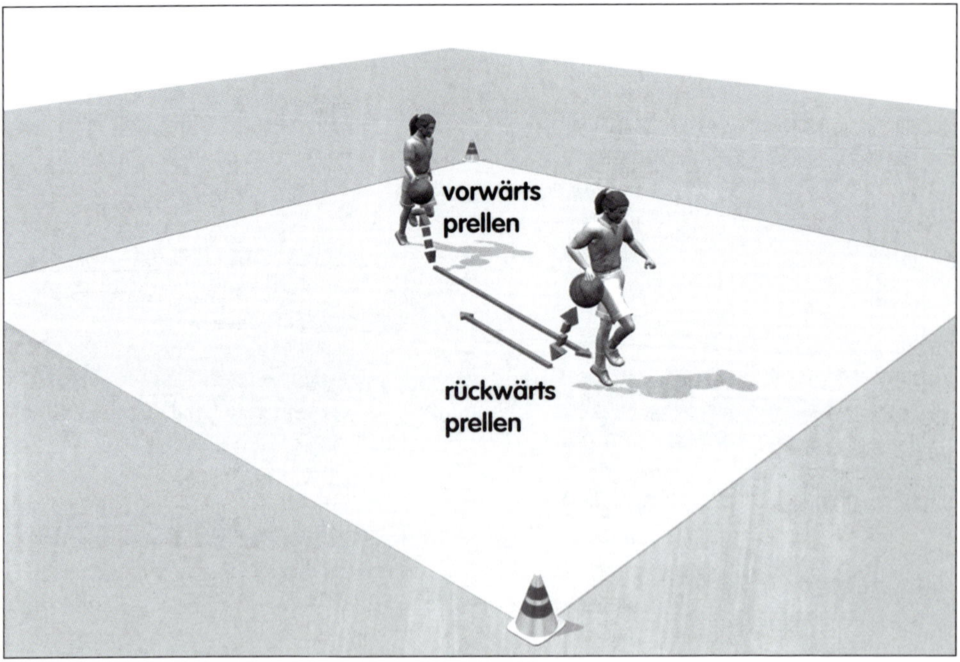

Hinweise

Die Größe des Spielfeldes richtet sich u. a. nach der Anzahl, dem Alter und dem Leistungsvermögen der Spieler!
Das Prelltempo richtet sich vor allem nach der Aufwärmphase (Prelltrab am Anfang, hohes Prelltempo am Ende)!
Die Spieler müssen beim Rückwärtsprellen stets nach rechts und links hinten über die Schulter schauen, um Zusammenstöße zu vermeiden!
Die Spieler sollen beim Rückwärtsprellen kurze Schritte durchführen und nur auf den Fußballen laufen!

Variante 01

Die Spieler müssen jetzt auf Impuls nicht nur kurz rückwärts prellen, sondern auch die Prellhand wechseln, vor dem Rückwärtsprellen einen Prellkreisel durchführen bzw. bis maximal Kniehöhe 10 x prellen. (Komplexität I)

Variante 02

Die Spieler müssen jetzt auf Impuls in die Schrittstellung gehen, den Ball mit der rechten Hand von rechts nach links bzw. mit der linken Hand von links nach rechts durch die Beine „drücken" und dann nach Prellhandwechsel weiterprellen. (Komplexität II)

Variante 03

Die Spieler müssen jetzt auf Impuls in den Stand gehen, den Ball mit Prellhandwechsel um den eigenen Körper prellen und dann weiterprellen. (Komplexität II)

Variante 04

Die Spieler müssen jetzt auf Impuls in den leichten Grätschstand gehen, den Ball von vorne nach hinten durch die gegrätschten Beine „drücken", eine halbe Drehung durchführen und dann nach möglichst nur einem Bodenkontakt des Balles mit der gleichen bzw. mit der anderen Hand weiterprellen. (Komplexität II)

Variante 05

Die Spieler müssen jetzt auf Impuls in den Kniestand gehen, in dieser Position 10 x mit der rechten oder linken Hand prellen und dann weiterprellen. (Komplexität I)

Variante 06

Siehe Variante 05, nur die Spieler müssen jetzt in den Grätschsitz gehen und zwischen den Beinen prellen. (Komplexität I)

02. Reifen umprellen (Komplexität II)

Lernziele

Bogenprellen mit Prellhandwechsel, sicheres geradliniges Prellen mit koordinativem Anteil

Übungsaufgabe

Die Spieler prellen vom Starthütchen aus zum ersten Reifen, umprellen ihn und den zweiten Reifen in einem Rechts-Links-Bogen oder in einem Links-Rechts-Bogen, prellen weiter, prellen mit der linken Hand über das Kastenoberteil und laufen dabei rechts an ihm vorbei, umprellen das Umkehrhütchen mit einer halben Drehung, prellen – links am Kastenoberteil und den zwei Reifen vorbei – zurück, vermindern in etwa am Ende des zweiten Reifens das Prelltempo und prelltraben hinter die Spielerreihe.

Geräte und Organisation

Zwei Hütchen, zwei Reifen, ein Kastenoberteil, ein Ball je Spieler
Der erste Spieler steht mit seinem Ball in der Hand direkt vor dem Starthütchen. Die weiteren Spieler stehen ebenfalls mit je einem Ball in der Hand in Reihe dahinter. Etwa zwei Meter vor dem Starthütchen liegen zwei Reifen in Reihe und auf Lücke. Etwa zwei Meter vor dem zweiten Reifen steht ein Kastenoberteil längs und im gleichen Abstand danach befindet sich das Umkehrhütchen.

Hinweise

Der Reifenabstand richtet sich u. a. nach dem Alter und dem Leistungsvermögen der Spieler!
Die Spieler sollen ihr jeweils individuelles Anfangs-Aufwärm-Tempo selbst herausfinden und dieses dann behutsam Schritt für Schritt steigern!
Die Spieler sollen in etwa gleich oft nach rechts mit der rechten Hand und nach links mit der linken Hand in die zwei Reifen hineinprellen!
Der Prellhandwechsel zwischen den zwei Reifen soll rhythmisch und geschmeidig sein!
Die Spieler müssen kräftig über das Kastenoberteil prellen, da es dämpfend wirkt!
Die Spieler sollen immer darauf achten, dass beim Üben keine Staus entstehen!

Variante 01

Die Spieler müssen jetzt die zwei Reifen mit Nachstellschritten bzw. im Schlusssprung in einem Doppelbogen umprellen oder sie müssen die zwei Reifen jeweils mit einer ganzen Drehung umprellen (einen Reifen rechtsherum und den anderen Reifen linksherum). (Komplexität II)

Variante 02

Die Spieler müssen jetzt mit jeweils einem Fußkontakt durch die zwei Reifen laufen und rechts bzw. links daneben prellen. (Komplexität II)

Variante 03

Die Spieler müssen jetzt mit jeweils einem Ballkontakt durch die zwei Reifen prellen und rechts bzw. links daneben laufen. (Komplexität II)

Variante 04

Die Spieler müssen jetzt durch die zwei Reifen laufen und prellen. (Komplexität II)

Variante 05

Die Spieler müssen jetzt das Kastenoberteil überlaufen, es übergrätschen bzw. einbeinig überspringen und dabei rechts bzw. links neben diesem prellen. (Komplexität II)

03. Überprellen (Komplexität II)

Lernziele

Geradliniges Prellen, Werfen und Fangen mit koordinativem Anteil

Übungsaufgabe

Die Spieler prellen vom Starthütchen aus zum Kastenoberteil, überprellen dieses hier mit der linken Hand und überlaufen es dabei, werfen gegen die Wand, starten kurz weiter, fangen den zurückspringenden Ball, prellen mit einer halben Drehung zurück, vermindern kurz vor dem Starthütchen das Prelltempo und prelltraben hinter die Spielerreihe.

Geräte und Organisation

Ein Hütchen, ein Kastenoberteil, eine Wand, ein Ball je Spieler
Der erste Spieler steht mit seinem Ball in der Hand direkt vor dem Starthütchen. Die weiteren Spieler stehen ebenfalls mit je einem Ball in der Hand in Reihe dahinter. Etwa fünf Meter vor dem Starthütchen steht ein Kastenoberteil längs und im gleichen Abstand dahinter befindet sich eine Wand.

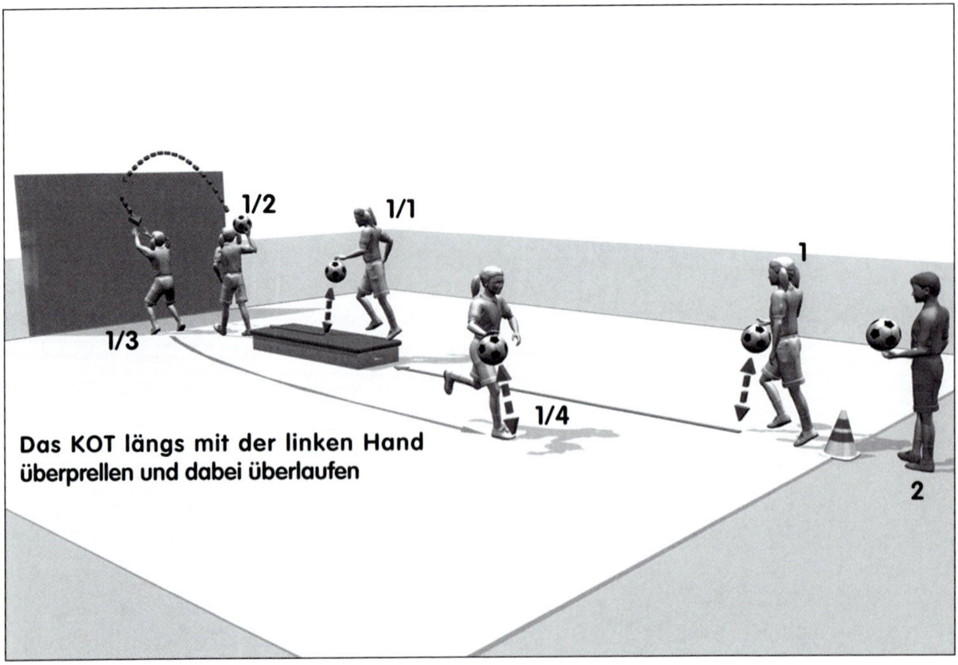

Hinweise

Der Abstand vom Starthütchen zum Kastenoberteil und von dem zur Wand richtet sich u. a. nach dem Alter und Leistungsvermögen der Spieler!

Hinweise

Die Spieler sollen ihr jeweils individuelles Anfangs-Aufwärm-Tempo selbst herausfinden und dieses dann behutsam Schritt für Schritt steigern!
Die Spieler sollen in etwa gleich oft mit der rechten und der linken Hand prellen und werfen!
Die Spieler müssen kräftig über das Kastenoberteilpolster prellen, da dieses dämpfend wirkt!
Die Spieler sollen aus unterschiedlichen Entfernungen und mit unterschiedlicher Kraft gegen die Wand werfen!
Die Spieler sollen immer darauf achten, dass beim Üben keine Staus entstehen!

Variante 01

Die Spieler müssen jetzt beim Prellen zum Kastenoberteil eine schnelle ganze Drehung durchführen. (Komplexität II)

Variante 02

Die Spieler müssen jetzt das Kastenoberteil einmal ganz umprellen. (Komplexität II)

Variante 03

Die Spieler müssen jetzt das Kastenoberteil übergrätschen und auch überprellen. (Komplexität II)

Variante 04

Die Spieler müssen jetzt beidbeinig über das Kastenoberteil springen und rechts bzw. links daneben prellen. (Komplexität II)

Variante 05

Die Spieler müssen jetzt über das Kastenoberteil hinken und rechts bzw. links daneben mit der Außenhand prellen oder sie müssen dieses mit der Innenhand überprellen. (Komplexität II)

Variante 06

Die Spieler müssen jetzt den Ball mit einer Hand über das Kastenoberteil rollen (kegeln), dieses rechts oder links umlaufen und dann den Ball an dessen Ende wieder aufnehmen. (Komplexität II)

Variante 07

Die Spieler müssen jetzt im Sprung gegen die Wand werfen, sich vor dem Fangen des Balles kurz mit den Händen auf die Oberschenkel schlagen bzw. sie müssen vor dem Fangen des Balles eine schnelle ganze Drehung durchführen. (Komplexität III)

04. Langbank-Prelltippen (Komplexität II)

Lernziele

Extrem kurzes und schnelles beidhändiges Prelltippen mit koordinativem Anteil

Übungsaufgabe

Die Spieler laufen vom Starthütchen aus mit dem Ball in den Händen zur ersten Langbank, übergrätschen diese und die zweite Langbank mit stärker gebeugten Knien (Gesäß absenken!), prelltippen dabei mit beiden Händen möglichst oft und extrem kurz gegen die Sitzflächen und fangen danach jeweils wieder den Ball ganz kurz mit beiden Händen, nehmen am Ende der zweiten Langbank den Ball wieder in die Hände und traben dann hinter die Spielerreihe zurück.

Geräte und Organisation

Ein Hütchen, zwei Langbänke, ein Ball je Spieler
Der erste Spieler steht mit seinem Ball in der Hand direkt vor dem Starthütchen. Die weiteren Spieler stehen ebenfalls mit je einem Ball in der Hand in Reihe dahinter. Etwa drei Meter vor dem Starthütchen stehen zwei Langbänke längs direkt hintereinander.

Hinweise

Die Spieler sollen ihr jeweils individuelles Anfangs-Aufwärm-Tempo selbst herausfinden und dieses dann behutsam Schritt für Schritt steigern!

Hinweise

Die abgesenkten Übergrätschschritte sollen hier extrem kurz und weich sein!
Die Spieler sollen die Übergrätschschritte nur auf den Fußballen durchführen!
Der Übergrätschrhythmus und der Prell- und Fangrhythmus müssen gerade bei dieser speziellen Ballübung besonders fein aufeinander abgestimmt werden!
Vielen Spielern fällt es bei dieser speziellen Ballübung sehr schwer, einen Ball extrem schnell und kurz beidhändig zu prellen und wieder ganz kurz beidhändig zu fangen!
Die Spieler sollen immer darauf achten, dass beim Üben keine Staus entstehen!

Variante 01

Die Spieler müssen jetzt ohne kurzes Fangen direkt beidhändig über die Langbänke prelltippen. (Komplexität II)

Variante 02

Die Spieler müssen jetzt jeweils nach dem beidhändigen Prelltippen ganz kurz in die Hände klatschen. (Komplexität II)

Variante 03

Die Spieler müssen jetzt in dieser Position mit einer Hand über die Langbänke prellen bzw. sie müssen mit einer Hand rechts oder links neben diesen prellen. (Komplexität II)

Variante 04

Die Spieler steigen jetzt mit dem Ball in den Händen auf die erste Langbank hinauf, überlaufen die zwei Langbänke, werfen dabei den Ball möglichst oft im beidhändigen Schockwurf extrem kurz hoch und fangen ihn jedesmal wieder beidhändig und steigen dann mit dem Ball in den Händen von der zweiten Langbank herunter. (Komplexität II)

Variante 05

Die Spieler müssen jetzt die zwei Langbänke beim Werfen und Fangen vorwärts bzw. rückwärts (vor der ersten Langbank eine halbe Drehung) übergrätschen. (Komplexität II)

Variante 06

Die Spieler müssen jetzt rechts oder links an den Langbänken vorbei mit Nachstellschritten agieren und mit der hinteren Hand über diese prellen. Dazu müssen sie vor der ersten Langbank eine ¼-Drehung durchführen. (Komplexität II)

05. Minitrampolin-Hochwurf (Komplexität II)

Lernziele

Werfen und Fangen mit koordinativem Anteil, Sprungkraft

Übungsaufgabe

Die Spieler laufen mit dem Ball in den Händen vom Starthütchen aus zum Minitrampolin, steigen hinauf, federn (kurze Beidbeinsprünge) auf ihm zehnmal kurz, werfen dabei den Ball im Sprungrhythmus beidhändig kurz hoch und fangen ihn jeweils wieder so, steigen vom Minitrampolin herunter und traben dann nach einer halben Drehung mit dem Ball in den Händen hinter die Spielerreihe zurück.

Geräte und Organisation

Ein Hütchen, ein Minitrampolin, ein Ball je Spieler
Der erste Spieler steht mit seinem Ball in der Hand direkt vor dem Starthütchen. Die weiteren Spieler stehen ebenfalls mit je einem Ball in der Hand in Reihe dahinter. Etwa drei Meter vor dem Starthütchen steht ein Minitrampolin.

Hinweise

Die Spieler sollen auf dem Minitrampolin zuerst mit einem langsamen Sprungrhythmus agieren und diesen dann behutsam Schritt für Schritt steigern!
Den Wurf- und Fangrhythmus mit dem Sprungrhythmus abzustimmen, erfordert ein ausgeprägtes Rhythmusgefühl und sehr viel Übung!

Hinweise

Vor allem Grundschulkinder üben mit großer Freude am Minitrampolin. Allerdings muss der Sportlehrer vorher regelmäßig und über einen längeren Zeitraum hinweg mit großem methodischem und pädagogischem Geschick die Voraussetzungen schaffen, dass die gestellten Aufgaben ohne größere Probleme und verletzungsfrei bewältigt werden können. Dies gilt vor allem dann, wenn Bälle mit im Spiel sind!
Der Lehrer muss auch darauf achten, dass genügend Minitrampolins zur Verfügung stehen!

Variante 01

Die Spieler müssen jetzt auf dem Minitrampolin kurze Hocksprünge bzw. kurze Grätsch-/Schließsprünge durchführen. (Komplexität II)

Variante 02

Die Spieler müssen jetzt auf dem Minitrampolin auf der Stelle laufen und dabei den Ball zehnmal um die Hüfte kreisen. (Komplexität II)

Variante 03

Die Spieler müssen jetzt auf dem Minitrampolin auf der Stelle laufen und dabei den Ball in einem seitlichen Bogen zehnmal ganz kurz von einer Hand in die andere werfen. (Komplexität II)

Variante 04

Die Spieler stehen jetzt mit dem Ball in den Händen direkt vor dem Starthütchen und das nun um 90° gedrehte Minitrampolin (die Sprungfläche zeigt zu den Spielern) steht ungefähr einen Meter von den Spielern entfernt. Diese laufen jetzt auf der Stelle, werfen dabei im Schlagwurf gegen das Minitrampolin, klatschen in die Hände bzw. schlagen sich ganz kurz mit den Händen auf die Oberschenkel und fangen den zurückspringenden Ball jeweils wieder beidhändig. (Komplexität II)

Variante 05

Jetzt üben immer zwei Spieler mit einem Ball zusammen. Der eine Spieler steht mit dem Ball in den Händen direkt vor dem Starthütchen und der andere Spieler steht auf dem Minitrampolin. Die Partner laufen nun auf dem Minitrampolin bzw. am Boden auf der Stelle, werfen sich dabci den Ball im Schlagwurf, im beidhändigen Druckwurf bzw. im Überkopfwurf zu und fangen ihn jeweils beidhändig. (Komplexität II)

06. Langbank-Zielwerfen (Komplexität II)

Lernziele

Zielwerfen auf ein Hindernis, sicheres Fangen nach einem kurzen Antritt an einem Hindernis vorbei

Übungsaufgabe

Die Spieler laufen mit dem Ball in den Händen zu den quer stehenden Langbänken, werfen im beidhändigen Schockwurf so getimt, dass der Ball einmal auf denen aufspringt, umlaufen sie rechts oder links, starten zum Ball und fangen diesen möglichst direkt.

Geräte und Organisation

Vier Hütchen, fünf Langbänke, ein Ball je Spieler
Vier Hütchen begrenzen das Spielfeld (z. B. Basketballfeld). Fünf Langbänke und die Spieler mit je einem Ball in den Händen sind gleichmäßig verteilt aufgestellt.

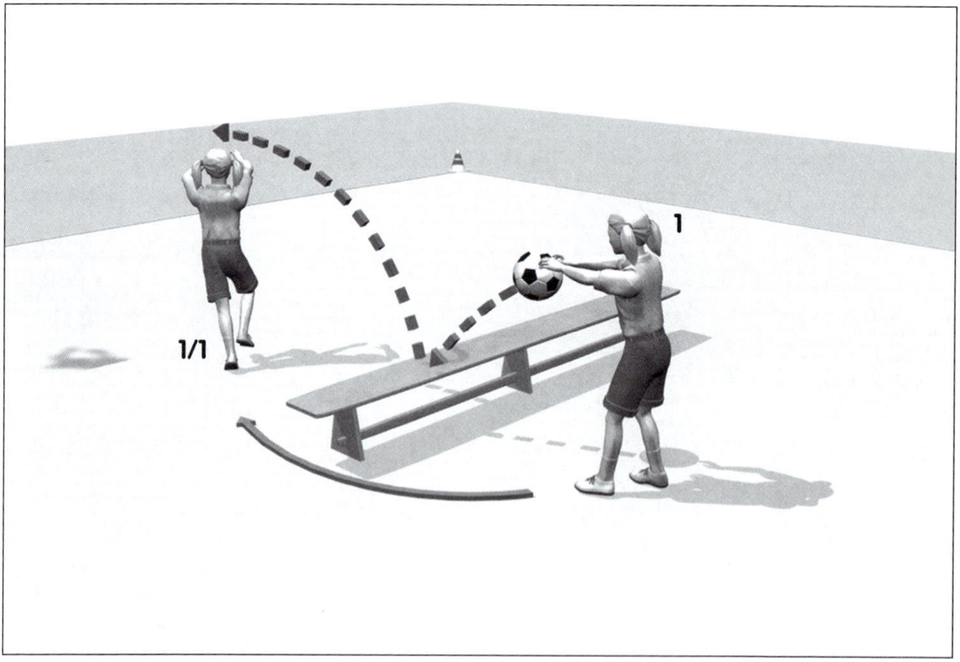

Hinweise

Die Gymnastikbälle sollen nicht zu stark aufgepumpt werden, da sie sonst von den kleinen Händen schwer zu greifen und zu kontrollieren sind!
Vor allem im Grundschulbereich ist der beidhändige Schockwurf der sicherste und genaueste Wurf!
Die Spieler sollen die Langbänke in etwa gleich oft rechts und links umlaufen!

Hinweise Die Spieler sollen immer bemüht sein, den Ball vor dem ersten Bodenkontakt zu fangen!

Variante 01 Die Spieler müssen jetzt im beidhändigen Druckwurf bzw. mit einem Korbleger (Basketballwurf) auf die Langbänke werfen. (Komplexität II)

Variante 02 Die Spieler müssen jetzt im Sprung auf die Langbänke werfen. (Komplexität II)

Variante 03 Die Spieler müssen jetzt indirekt auf die Langbänke werfen, d. h. der Ball muss jeweils vor der Langbank einmal auf dem Boden aufspringen. (Komplexität II)

Variante 04 Die Spieler müssen jetzt über die Langbänke werfen, dabei darf der Ball aber vor dem Fangen nur einmal auf dem Boden aufspringen. (Komplexität II)

Variante 05 Die Spieler müssen jetzt über die Langbänke auf- und absteigen. (Komplexität II)

Variante 06 Die Spieler müssen jetzt die Langbänke überlaufen bzw. auf einem Bein überspringen (Absprungbein ist gleich Landebein). (Komplexität II)

Variante 07 Die Spieler müssen jetzt den Ball kurz vor den Langbänken so abwerfen, dass sie ihn auf der Langbank (beidfüßig stehend) fangen können. (Komplexität II)

Variante 08 Die Spieler prellen jetzt auf die Langbänke zu, „drücken" den Ball über diese (ein Bodenkontakt vorher und ein Bodenkontakt nachher), springen über die Langbänke und prellen sofort weiter. (Komplexität II)

Variante 09 Siehe Variante 08, nur die Spieler müssen jetzt nach dem ersten Bodenkontakt des Balles diesen sofort nach der Langbank direkt aus der Luft weiterprellen. (Komplexität II)

Kapitel 4

Ballspiele mit dem Schläger
Übungen mit dem Schläger

01. Passen und Umlaufen (Komplexität I)

Lernziele

Mit einem Hockeyschläger einen kleinen Ball durch ein Hindernis passen, einem Hindernis elegant und schnell ausweichen

Spielaufgabe

Wer kann in der Spielzeit möglichst oft einen kleinen Ball mit einem Hockeyschläger auf ein kleines Horizontal-Hütchentor zudribbeln, diesen durch das Hütchentor passen, das Hütchentor umlaufen, den Ball mit dem Schläger annehmen und dann wieder dribbeln?
Jedes korrekte Durchpassen eines Hütchentores und dieses umlaufen wird mit einem Punkt bewertet. Der nächste Punkt kann nur an einem anderen Hütchentor erzielt werden. Welcher Spieler erzielt am Ende der Spielzeit die meisten Punkte?

Geräte und Organisation

14 Hütchen, ein Hockeyschläger aus Kunststoff und ein kleiner Kunststoffball je Spieler
Vier Hütchen begrenzen das Volleyballfeld. Fünf kleine Horizontal-Hütchentore und die Spieler – jeweils mit Ball und Schläger – sind im Spielfeld gleichmäßig verteilt aufgestellt.

Hinweise

Die Spieler sollen die kleinen Horizontal-Hütchentore in etwa gleich oft rechts und links umlaufen!
Die Spieler sollen den Ball möglichst eng mit dem Schläger führen!
Die Spieler sollen versuchen, möglichst durch alle kleinen Horizontal-Hütchentore (gute Raumaufteilung) zu passen!
Die Spieler sollen immer wieder den Blick von Ball und Schläger lösen (peripheres Sehen), um Zusammenstöße zu vermeiden!
Die Spieler sollen einander fair und geschickt ausweichen!
Die Spieler sollen den Ball mit dem Schläger möglichst durch die kleinen Horizontal-Hütchentore schieben!

Variante 01

Die Spieler müssen jetzt den Ball im steten Wechsel mit der Vorhand und der Rückhand durch die kleinen Horizontal-Hütchentore spielen. (Komplexität I)

Variante 02

Die Spieler müssen jetzt vor dem Pass durch die kleinen Horizontal-Hütchentore eine Passfinte nach rechts oder links (zur Seite hin) antäuschen bzw. mit Ball und Schläger eine ganze Drehung rechts- oder linksherum durchführen. (Komplexität II)

Variante 03

Die Spieler müssen jetzt die kleinen Horizontal-Hütchentore mit dem Schläger in den Händen vorwärts bzw. rückwärts (vor und nach dem Hütchentor eine halbe Drehung) durchlaufen. (Komplexität I)

Variante 04

Die Spieler müssen jetzt die zwei Hütchen der kleinen Horizontal-Hütchentore mit dem Schläger in den Händen in einer Acht umlaufen. (Komplexität I)

Variante 05

Die Spieler müssen jetzt den Ball rechts oder links an den kleinen Horizontal-Hütchentoren vorbeispielen, diese zur anderen Seite hin umlaufen, den Ball mit dem Schläger annehmen und dann wieder dribbeln. (Komplexität I)

Variante 06

Die Spieler müssen jetzt den Ball durch die kleinen Horizontal-Hütchentore schlenzen. (Komplexität II)

02. Rückpraller (Komplexität I)

Lernziele

Mit dem Hockeyschläger einen kleinen Ball gegen ein Hindernis passen und den zurückspringenden Ball mit dem Schläger kontrollieren

Spielaufgabe

Wer kann in der Spielzeit möglichst oft einen kleinen Ball mit einem Hockeyschläger auf einen kleinen Banden-Kasten zudribbeln, diesen gegen das Kastenpolster passen, zum zurückspringenden Ball starten, ihn mit dem Schläger annehmen und dann wieder dribbeln?
Jeder korrekte Pass gegen ein Kastenpolster und die Ballannahme des zurückspringenden Balles wird mit einem Punkt bewertet. Der nächste Punkt kann nur an einem anderen Banden-Kasten erzielt werden. Welcher Spieler erzielt am Ende der Spielzeit die meisten Punkte?

Geräte und Organisation

Vier Hütchen, fünf kleine Kästen, ein Hockeyschläger aus Kunststoff und ein kleiner Kunststoffball je Spieler
Vier Hütchen begrenzen das Volleyballfeld. Fünf kleine Banden-Kästen (jeweils um 90° gedreht) und die Spieler – jeweils mit Ball und Schläger – sind im Spielfeld gleichmäßig verteilt aufgestellt.

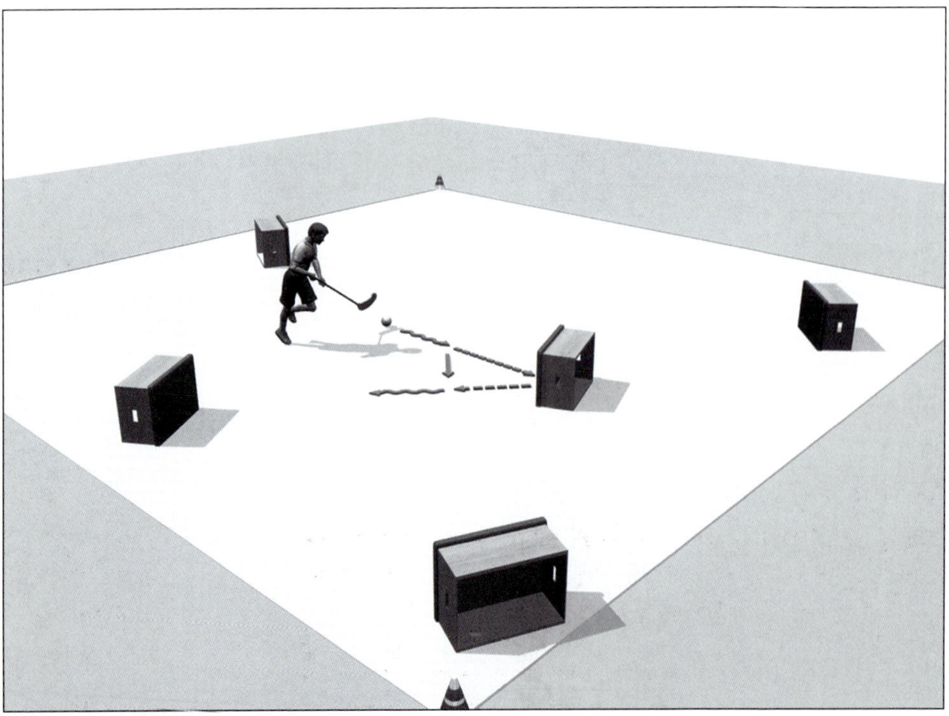

Hinweise

Um ein mögliches Verrutschen der Banden-Kästen zu vermeiden, sollte in jeden Kasten ein Medizinball gelegt werden!
Die Spieler sollen den Ball möglichst eng mit dem Schläger führen!
Die Spieler sollen versuchen, den Ball möglichst gegen alle Banden-Kästen (gute Raumaufteilung) zu passen!
Die Spieler sollen immer wieder den Blick von Ball und Schläger lösen (peripheres Sehen), um Zusammenstöße zu vermeiden!
Die Spieler sollen einander fair und geschickt ausweichen!
Die Spieler sollen den Ball mit dem Schläger möglichst gegen die Banden-Kästen schieben!

Variante 01

Die Spieler müssen jetzt den Ball im steten Wechsel mit der Vorhand und der Rückhand gegen die Banden-Kästen spielen. (Komplexität I)

Variante 02

Die Spieler müssen jetzt den zurückspringenden Ball mit einem Fußballen bzw. mit einer Hand annehmen. (Komplexität I)

Variante 03

Die Spieler müssen jetzt den Ball mit dem Schläger gegen die Banden-Kästen schlenzen. (Komplexität II)

Variante 04

Die Spieler müssen jetzt die Banden-Kästen nach der Ballannahme mit einer halben bzw. einer ganzen Drehung umdribbeln. (Komplexität II)

Variante 05

Die Spieler müssen jetzt den zurückspringenden Ball durch die gegrätschten Beine rollen lassen, eine halbe Drehung durchführen, zum Ball starten, ihn annehmen und wieder dribbeln. (Komplexität II)

Variante 06

Die Spieler müssen jetzt nach dem Pass gegen die Banden-Kästen diese sofort rechts- oder linksherum umlaufen und dann zum zurückspringenden Ball starten. (Komplexität II)

Variante 07

Siehe Variante 06, nur die Spieler müssen jetzt die Banden-Kästen mit Nachstellschritten umspringen. (Komplexität II)

03. Schmettern und Springen (Komplexität II)

Lernziele

Einen Luftballon über ein Hindernis direkt zum Partner schmettern, Sprungkraft, schnelle Drehungen und kurzer Antritt

Spielaufgabe

Welche Partnergruppe kann sich in der Spielzeit (30 Sek. und länger) möglichst oft einen Luftballon direkt über eine Hütchen-Hürde zuschmettern? Dabei müssen die zwei Spieler nach jedem Schmetterschlag die Hütchen-Hürde überlaufen (überspringen) und mit einer halben Drehung rechts oder links an dieser vorbei auf ihren ursprünglichen Platz zurücklaufen.
Jede korrekte Schmetter- und Sprungaktion über eine Hütchen-Hürde wird mit einem Punkt bewertet. Welche Partnergruppe erzielt am Ende der Spielzeit die meisten Punkte?

Geräte und Organisation

Eine Hütchen-Hürde und ein Luftballon für zwei Spieler
Die Spieler A (mit Luftballon) und B stehen sich etwa zwei Meter gegenüber. Genau zwischen den beiden steht eine Hütchen-Hürde quer.

Hinweise

Der Spieler A wirft sich vor dem ersten Schmetterschlag den Luftballon mit der Nicht-Schmetterhand vor-hoch!
Die Spieler A und B sollen in etwa gleich oft mit der rechten und linken Hand zum Partner schmettern!
Ein technisch richtiger Schmetterschlag kommt aus der gesamten Körperschlinge!
Die Höhe der Hütchen-Hürde richtet sich u. a. nach dem Alter und dem Leistungsvermögen der Spieler!
Die Hütchen-Hürde soll zu keinem Zeitpunkt berührt (verschoben) werden!
Stößt ein Spieler die Querstange von den zwei Hütchen herunter (keine Punktwertung möglich), so muss er diese sofort wieder auflegen!
Die Spieler müssen beim Überspringen der Hütchen-Hürde darauf achten, dass sie nicht durch Berühren des Luftballons dessen Flugrichtung verändern!

Variante 01

Die Spieler müssen sich jetzt den Luftballon direkt von unten mit der Handfläche zuspielen bzw. sich diesen einmal selbst von unten mit der Handfläche vorspielen und dann zum Partner schmettern. (Komplexität II)

Variante 02

Die Spieler müssen sich jetzt den Luftballon direkt zupritschen bzw. zubaggern. (Komplexität II)

Variante 03

Die Spieler müssen sich jetzt den Luftballon direkt im Sprung zuschmettern. (Komplexität II)

Variante 04

Die Spieler müssen jetzt die Hütchen-Hürde überspringen und dabei in der Luft eine halbe bzw. eine ganze Drehung durchführen. (Komplexität II)

Variante 05

Die Spieler müssen jetzt die Hütchen-Hürde auf einem Bein überspringen (Absprungbein ist gleich Landebein). (Komplexität II)

Variante 06

Die Spieler müssen jetzt die Hütchen-Hürde mit einer halben Drehung vorwärts-seitwärts-rückwärts umlaufen. (Komplexität II)

04. Luftballontreiben durch kleine Kästen (Komplexität II)

Lernziele

Mit der Handfläche einen Luftballon unter koordinativer und konditioneller Mehrbelastung jonglieren

Spielaufgabe

Wer kann in der Spielzeit (30 Sek. und länger) möglichst oft in einen umgedrehten kleinen Kasten hinein- und heraussteigen und dabei seinen Luftballon mit der Handfläche jonglieren?
Jedes korrekte Durchsteigen eines umgedrehten kleinen Kastens und dabei den Luftballon jonglieren wird mit einem Punkt bewertet. Welche Spieler erzielen am Ende der Spielzeit die meisten Punkte?

Geräte und Organisation

Vier Hütchen, fünf kleine Kästen, ein Luftballon je Spieler
Vier Hütchen begrenzen das 10 x 10 m große Spielfeld, fünf kleine Kästen – um 180° gedreht und die Polster zeigen zu Boden – und die zehn Spieler – jeweils mit einem Luftballon – sind im Spielfeld gleichmäßig verteilt aufgestellt.

Hinweise

Jonglieren bedeutet hier, den Ball ununterbrochen und direkt mit der Handfläche vor-hoch zu schlagen!
Die Spieler sollen den Luftballon in etwa gleich oft mit der rechten und der linken Handfläche jonglieren!

Hinweise

Die Spieler müssen beim Durchsteigen der kleinen Kästen darauf achten, dass sie sich nicht die Beine anstoßen. Verletzungsgefahr droht den Spielern vor allem dann, wenn ihr Blick ständig nur zum Luftballon geht (peripheres Sehen)!
Diese Spielaufgabe erfordert ein kleines Spielfeld, da nur so mit dem sehr langsamen Luftballon (bewegungsverzögernd) eine relativ hohe Punktzahl erreicht werden kann!
Die Spieler sollen versuchen, beim Jonglieren möglichst durch alle kleinen Kästen (gute Raumaufteilung) zu steigen!
Die Spieler sollen immer wieder den Blick vom Luftballon lösen (peripheres Sehen), um Zusammenstöße zu vermeiden!
Die Spieler sollen einander fair und geschickt ausweichen!

Variante 01

Die Spieler müssen jetzt den Luftballon mit dem Handrücken bzw. dem Unterarm jonglieren. (Komplexität II)

Variante 02

Die Spieler müssen jetzt beim Jonglieren des Luftballons in den kleinen Kästen eine ganze Drehung durchführen. (Komplexität II)

Variante 03

Die Spieler müssen jetzt beim Jonglieren des Luftballons beidbeinig bzw. einbeinig in die kleinen Kästen hineinspringen, dort so landen und wieder herausspringen und ebenso außen aufkommen. (Komplexität III)

Variante 04

Die Spieler müssen jetzt beim Jonglieren des Luftballons über normal gestellte kleine Kästen (die Polster zeigen nach oben) auf- und absteigen. Allerdings ist bei dieser Spielaufgabe darauf zu achten, dass die Spieler jeweils auf die Kastenmitte aufsteigen. Ist das nicht der Fall, drohen die Kästen umzukippen (Verletzungsgefahr). (Komplexität II)

05. Partnerschmettern (Komplexität II)

Lernziele

Nach Eigenvorlage einen Softball durch einen Gymnastikreifen zum Partner schmettern

Spielaufgabe

Welche Partnergruppe kann sich in der Spielzeit (30 Sek. und länger) möglichst oft einen Softball durch einen Gymnastikreifen zuschmettern? Beide Spieler schmettern jeweils nach Eigenvorlage, fangen immer den Schmetterball des Partners und umlaufen nach jedem eigenen Schmetterball ihr Umlaufhütchen mit einer halben Drehung rechts- bzw. linksherum.
Jeder korrekte Schmetterball durch einen Gymnastikreifen und der Partner fängt diesen Ball wird mit einem Punkt bewertet. Welche Partnergruppe erzielt am Ende der Spielzeit die meisten Punkte?

Geräte und Organisation

Zwei Hütchen, ein Gymnastikreifen, ein Softball für zwei Spieler
Die Spieler A (mit Softball) und B stehen sich etwa fünf Meter gegenüber. Genau zwischen den beiden liegt ein Gymnastikreifen. Direkt hinter A und B steht jeweils ein Umlaufhütchen.

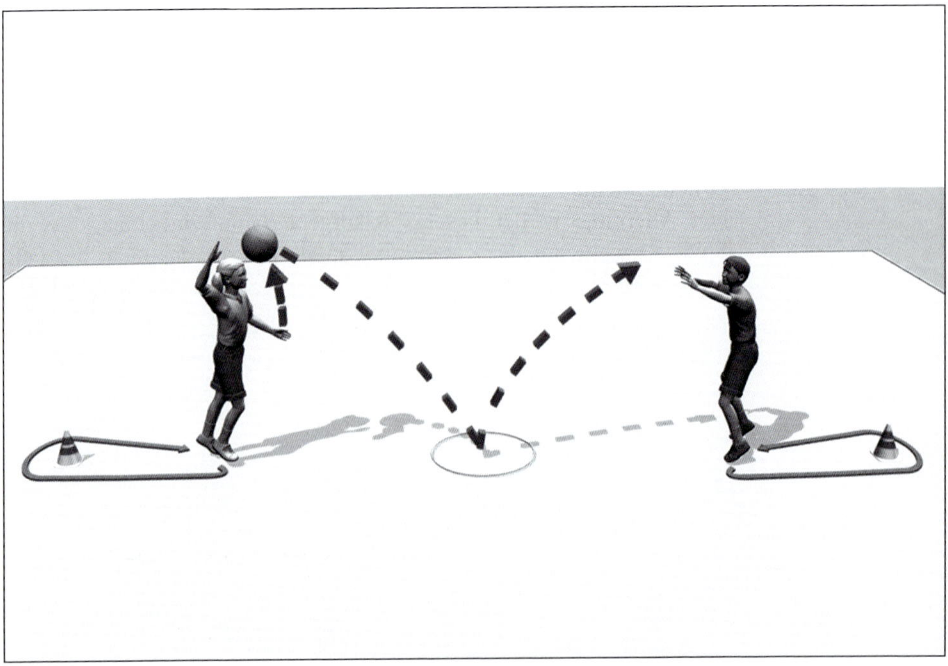

Hinweise

Die Spieler sollen in etwa gleich oft mit der rechten und der linken Hand schmettern!
Berührt ein Schmetterball den Gymnastikreifen, so kann hier kein Punkt gegeben werden!
Bei dieser Spielaufgabe sind Softbälle gerade im Grundschulbereich Volleybällen vorzuziehen, denn Softbälle bereiten beim Schmettern keine Schmerzen!
Diese Spielaufgabe zwingt die Spieler zu einem zielgenauen Schmettern!
Von wo aus die Spieler zwischen dem Gymnastikreifen und ihrem Umlaufhütchen schmettern, ist jedem Spieler freigestellt!

Variante 01

Siehe Grundform, nur die Spieler A und B müssen sich jetzt den Ball so zuschmettern, dass dieser erst nach dem Gymnastikreifen einmal auf dem Boden aufspringt. (Komplexität II)

Variante 02

Die Spieler A und B müssen jetzt nach jedem Schmetterball ihr Umlaufhütchen rückwärts und dann sofort wieder vorwärts übergrätschen. (Komplexität II)

Variante 03

Der Spieler A wirft jetzt im beidhändigen Schockwurf über den Gymnastikreifen zum Spieler B. Dieser schmettert sofort durch den Gymnastikreifen zurück und der Spieler A fängt den Ball. Hierbei umläuft nur der Spieler B sein Umlaufhütchen und der Spieler A läuft auf der Stelle. In der zweiten Spielzeit werden die Aufgaben gewechselt. (Komplexität II)

Variante 04

Ohne jeweilige Eigenvorlage schmettern sich jetzt die Spieler A und B den Softball durch den Gymnastikreifen zu. (Komplexität II)

Variante 05

Nach jeweiliger Eigenvorlage pritschen bzw. baggern sich jetzt die Spieler A und B den Ball über den Gymnastikreifen zu. (Komplexität II)

06. Ballwechsel auf einer Weichbodenmatte (Komplexität II)

Lernziele

Unter koordinativer und konditioneller Mehrbelastung einen kleinen Gummiball mit einem Federballschläger direkt zum Partner spielen.

Spielaufgabe

Welche Partnergruppe kann sich in der Spielzeit (30 Sek. und länger) möglichst oft einen kleinen Gummiball mit Federballschlägern direkt zuspielen? Beide Spieler bewegen sich dabei auf einer Weichbodenmatte und sollen durch verschiedene Laufbewegungen – Vorwärtslauf, Rückwärtslauf und Nachstellschritte – ständig ihren „Schlagort" wechseln.
Jeder korrekte Pass zum Partner wird mit einem Punkt bewertet. Welche Partnergruppe erzielt am Ende der Spielzeit die meisten Punkte?

Geräte und Organisation

Eine Weichbodenmatte, ein Federballschläger je Spieler, ein kleiner Gummiball pro Partnergruppe
Die Spieler A – mit Ball und Schläger – und B – nur mit Schläger – stehen sich auf einer Weichbodenmatte gegenüber.

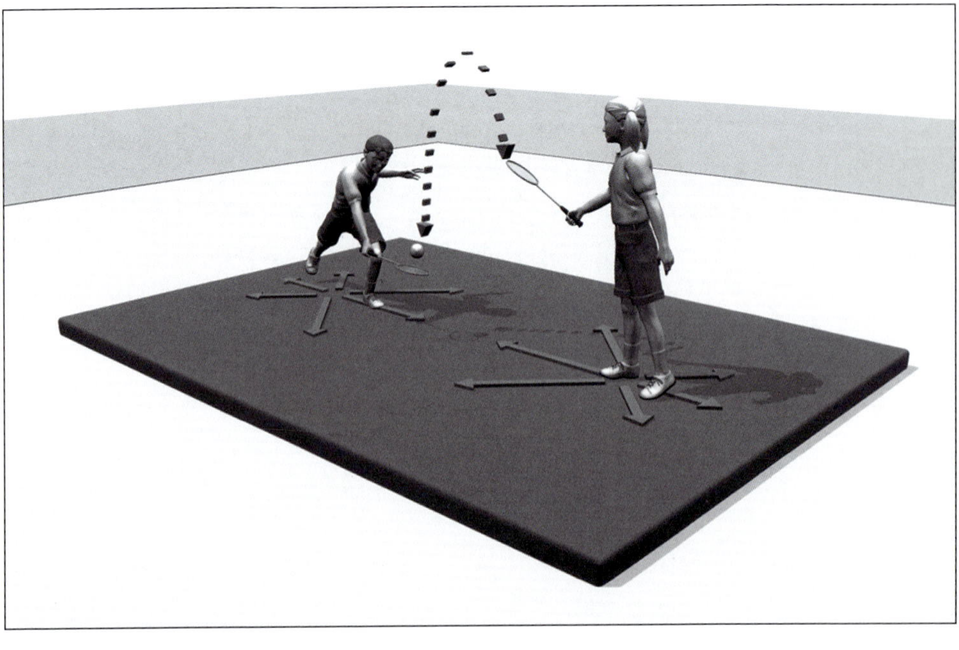

Hinweise

Die Spieler sollen nach jeder Spielzeit die Schlägerhand wechseln!
Da diese Spielaufgabe sehr anstrengend ist, sollte sie nur am Ende der Aufwärmungsphase zum Einsatz kommen. Außerdem müssen – beson-

Hinweise

ders im Grundschulbereich – die Lehrer bzw. Trainer die einzelnen Spielzeiten so anlegen, dass es bei den Spielern nicht zu starken Ermüdungen kommt!
Während der gesamten Spielzeit sollte zwischen den Partnern immer ein Kombinationsabstand (von Schläger zu Schläger) von mindestens 50 cm eingehalten werden!
Verlässt ein Spieler die Weichbodenmatte, so muss das Hin- und Herspielen sofort unterbrochen werden. Erst wenn sich dieser wieder auf der Weichbodenmatte befindet, darf weitergespielt werden!
Schon viele Spieler haben diese Spielaufgabe unterschätzt!

Variante 01

Die Spieler A und B müssen jetzt den Ball im steten Wechsel mit der Vorhand und der Rückhand zum Partner spielen. (Komplexität II)

Variante 02

Die Spieler A und B müssen jetzt den Ball jeweils über Kopf (oberes Zuspiel) zum Partner spielen. (Komplexität II)

Variante 03

Siehe Grundform, nur die Spieler A und B müssen sich jetzt den Ball jeweils erst einmal kurz nach oben vorspielen (als unteres Zuspiel), bevor sie von unten bzw. über Kopfhöhe zum Partner spielen. (Komplexität II)

Variante 04

Die Spieler A und B müssen jetzt beim Hin- und Herspielen kurze Ein- und Beidbeinsprünge über die Weichbodenmatte durchführen. (Komplexität III)

Variante 05

Die Spieler A und B erhalten jetzt einen Luftballon oder Softball, den sie sich jetzt direkt zupritschen. (Komplexität II)

Variante 06

Die Spieler A und B baggern sich jetzt ihren Ball direkt zu. (Komplexität II)

Variante 07

Die Spieler A und B schmettern sich jetzt ihren Ball direkt zu. Bei dieser Variante sollte vor allem im Kinderbereich mit dem Luftballon gespielt werden. (Komplexität II)

07. Jonglierfangen (Komplexität II)

Lernziele

Sicheres und „schnelles“ Jonglieren eines Luftballons mit der Hand mit vielen Richtungsänderungen

Spiel

Auf Lehrerimpuls jagt der Jonglierfänger die Jonglierausreißer. Wird ein Jonglierausreißer vom Jonglierfänger auf dem Rücken abgeschlagen, so wird er sofort der neue Jonglierfänger.

Geräte und Organisation

Vier Hütchen, ein Luftballon je Spieler
Vier Hütchen begrenzen das 8 x 8 m große Spielfeld, die Ausreißer mit je einem Luftballon in den Händen sind in diesem gleichmäßig verteilt aufgestellt und der Fänger, ebenfalls mit einem Luftballon in den Händen, steht außerhalb.

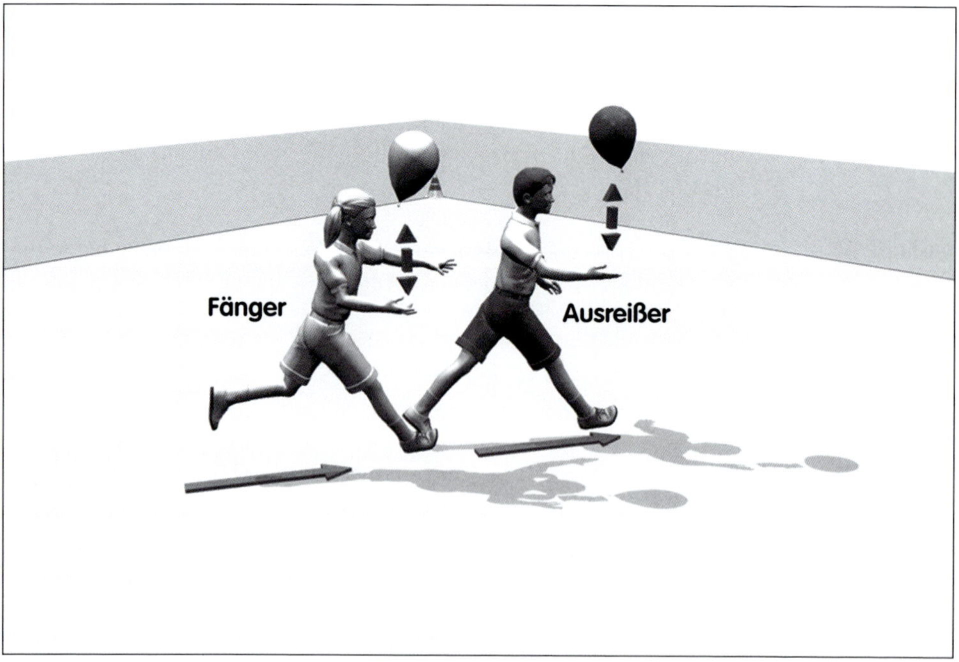

Hinweise

Der erste Fänger wird vorher vom Lehrer bestimmt!
Jeder Spieler muss ständig seinen Luftballon jonglieren (den Ball kurz mit der Handfläche nach oben schlagen). Vergisst der Fänger bei einem Abschlag das Jonglieren, so ist dieser Abschlag ungültig!
Vergisst ein Ausreißer das Jonglieren oder er verlässt das Spielfeld, so gilt er als gefangen!

Hinweise

Dieses Fangspiel erfordert ein kleines Spielfeld, da nur so mit den sehr langsamen Luftballons (bewegungsverzögernd) eine relativ große Anzahl von Bewegungsaktionen (Ausweichmanöver, Drehungen Wendungen, Abschläge usw.) erreicht werden kann!
Die Spieler sollen immer wieder den Blick vom Luftballon lösen (peripheres Sehen), um Zusammenstöße zu vermeiden!
Die Spieler sollen einander geschickt ausweichen!

Variante 01

Jonglierfangen als Dreierzeck, d.h. A fängt B, dieser C und C dann A. Dabei können mehrere Dreiergruppen gleichzeitig agieren. (Komplexität II)

Variante 02

Jonglierfangen bis zum letzten Spieler, d.h. wer abgeschlagen ist jagt mit dem ersten Fänger weiter. (Komplexität II)

Variante 03

Der Fänger jongliert jetzt weiterhin einen Luftballon, die Ausreißer aber müssen jetzt jeweils zwei Luftballons jonglieren. Wird ein Ausreißer abgeschlagen, so muss er sofort einen seiner zwei Luftballons dem alten Fänger übergeben. (Komplexität II)

Variante 04

Die Ausreißer bilden jetzt Paare. Die jeweils zwei Spieler gehen in Einhandfassung und jonglieren jeweils einen Luftballon mit der Außenhand. Der jeweils abgeschlagene Ausreißer wird sofort der neue Fänger und der alte Fänger bildet sofort mit dem bisherigen Partner des neuen Fängers ein neues Paar. (Komplexität II)

Variante 05

Jetzt jagt eine Fängergruppe (fünf Spieler) eine Ausreißergruppe (ebenfalls fünf Spieler), wobei alle Spieler einen Luftballon jonglieren. Wie lange braucht nun die Fängergruppe, um alle Spieler der Ausreißergruppe abzuschlagen oder wie oft können die Spieler der Fängergruppe in z.B. 30 Sek. die Spieler der Ausreißergruppe abschlagen?

08. Über Hütchenhürden jonglieren (Komplexität II)

Lernziele

Unter koordinativer Mehrbelastung „schnelles“ und sicheres Jonglieren eines Luftballons mit der Hand

Spiel

Auf Impuls startet der erste Spieler und jongliert dabei den Luftballon mit der Handfläche. So übersteigt er in Folge die zwei Hütchenhürden, startet zum und mit einer halben Drehung um das Umkehrhütchen, startet zurück zum Starthütchen, spielt den Luftballon zum zweiten Spieler und startet hinter seine Reihe. Der zweite Spieler beginnt sofort mit dem Jonglieren und übt jetzt ebenso.

Geräte und Organisation

Sechs Hütchen, zwei Kunststoffstangen, ein Luftballon pro Mannschaft

Bei jeder Mannschaft steht vor dem linken Starthütchen ein Spieler mit einem Luftballon in den Händen und hinter ihm stehen bis zu fünf Spieler. Genau in der Mitte zwischen Start- und Umkehrhütchen stehen zwei Hütchenhürden (je zwei Hütchen und eine Kunststoffstange) im Abstand von 50 cm hintereinander.

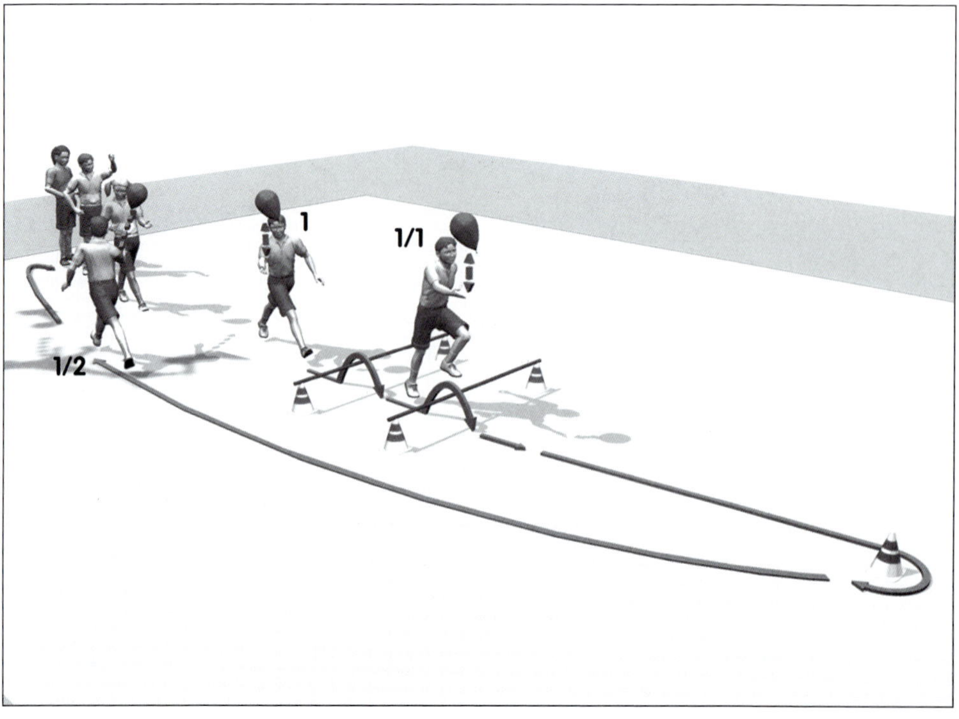

Hinweise

Der Abstand zwischen Starthütchen und Umkehrhütchen soll maximal sechs Meter betragen (Bewegungsverzögerung durch den langsamen Luftballon)!
Die Spieler sollen das Umkehrhütchen im steten Wechsel rechts- und linksherum umlaufen!
Die Höhe der zwei Hütchenhürden richtet sich u. a. nach dem Alter und dem Leistungsvermögen der Spieler!
Die Spieler sollen das Umkehrhütchen eng umlaufen, es dabei aber nicht berühren!
Stößt ein Spieler eine Stange von den zwei Hütchen herunter, so muss er diese sofort wieder auflegen!

Variante 01

Die Spieler müssen jetzt beim Jonglieren des Luftballons und Übersteigen der zwei Hütchenhürden zwischen den beiden eine ganze Drehung durchführen. (Komplexität II)

Variante 02

Die Spieler müssen jetzt auch auf dem Rückweg beim Jonglieren des Luftballons die zwei Hütchenhürden übersteigen. (Komplexität II)

Variante 03

Die Spieler müssen jetzt den Luftballon über beide Hütchenhürden schlagen, diese überlaufen, in einem Rechts-Links-Bogen bzw. in einem Links-Rechts-Bogen umlaufen oder einbeinig überspringen (Absprungbein ist gleich Landebein) und dann wieder jonglieren. (Komplexität II)

Variante 04

Die Spieler müssen jetzt den Luftballon mit dem Handrücken, der Faust, dem Unterarm usw. jonglieren. (Komplexität II)

Variante 05

Die Spieler müssen jetzt auf dem Rückweg die Schlaghand („Jonglierhand“) wechseln. (Komplexität II)

Variante 06

Die Spieler müssen jetzt mit jeder Hand einen Luftballon jonglieren. (Komplexität II)

09. Durch Hütchenhürden passen (Komplexität II)

Lernziele

Einen kleinen Ball sicher, schnell und eng mit einem Schläger führen und durch ein doppeltes Hindernis passen

Spiel

Auf Impuls dribbelt der erste Spieler den Ball mit dem Schläger bis kurz vor die erste Hütchenhürde, passt den Ball durch beide Hütchenhürden, umläuft diese rechts oder links, nimmt den Ball mit dem Schläger an, dribbelt zum und mit einer halben Drehung um das Umkehrhütchen, dribbelt zurück zum Starthütchen, stoppt den Ball mit dem Schläger ab, übergibt dem zweiten Spieler den Schläger und startet hinter seine Reihe. Der zweite Spieler beginnt sofort mit dem Dribbeln und übt jetzt ebenso.

Geräte und Organisation

Sechs Hütchen, zwei Kunststoffstangen, ein Hockeyschläger aus Kunststoff und ein kleiner Kunststoffball pro Mannschaft
Bei jeder Mannschaft steht vor dem linken Starthütchen ein Spieler mit Ball und Schläger und hinter ihm stehen bis zu fünf Spieler. Genau in der Mitte zwischen Start- und Umkehrhütchen stehen zwei Hütchenhürden (je zwei Hütchen und eine Kunststoffstange) im Abstand von 50 cm hintereinander.

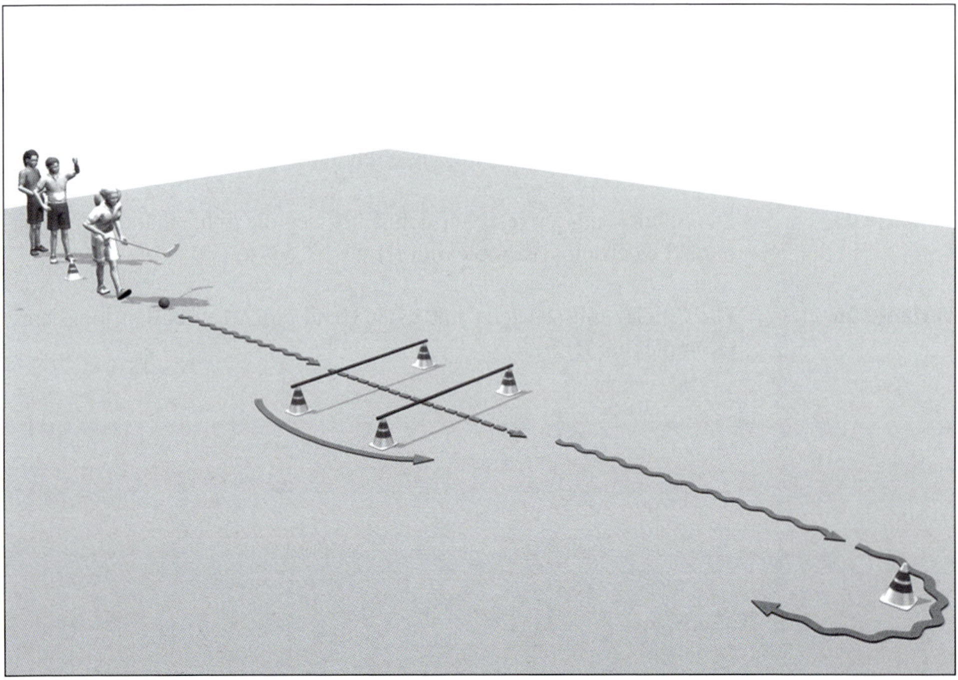

Hinweise

Der Abstand zwischen Start- und Umkehrhütchen soll maximal zehn Meter betragen!
Die Spieler sollen die zwei Hütchenhürden im steten Wechsel rechts- und linksherum umlaufen!
Die Spieler sollen das Umkehrhütchen im steten Wechsel rechts- und linksherum umdribbeln!
Die Spieler sollen das Umkehrhütchen eng umdribbeln, es dabei aber nicht berühren!
Die Spieler sollen möglichst kurz durch die zwei Hütchenhürden passen!
Die Spieler sollen den Ball mit dem Schläger möglichst durch die zwei Hütchenhürden schieben!

Variante 01

Die Spieler müssen jetzt vor dem Pass durch die zwei Hütchenhürden eine Passfinte durchführen. (Komplexität II)

Variante 02

Die Spieler müssen jetzt auch auf dem Rückweg den Ball durch die zwei Hütchenhürden spielen. (Komplexität II)

Variante 03

Die Spieler müssen jetzt den Ball getimt durch die erste Hütchenhürde passen, diese umlaufen, den Ball mit dem Schläger abstoppen und durch die zweite Hütchenhürde passen, diese umlaufen und den Ball wieder mit dem Schläger abstoppen. Dabei müssen die Spieler die eine Hürde rechts und die andere Hürde links umlaufen. (Komplexität III)

Variante 04

Jede Gruppe erhält jetzt einen Federballschläger und einen kleinen Gummiball. Auf Impuls startet der erste Spieler und jongliert dabei den Ball mit dem Schläger bis kurz vor die erste Hütchenhürde, passt den Ball so über die zwei Hütchenhürden, dass er zwischen den beiden einmal aufspringt, umläuft die zwei Hütchenhürden rechts oder links, jongliert sofort weiter, läuft so zum und mit einer halben Drehung um das Umkehrhütchen, läuft zurück zum Starthütchen, übergibt dem zweiten Spieler Ball und Schläger und startet hinter seine Reihe. Der zweite Spieler beginnt sofort mit dem Jonglieren und übt jetzt ebenso. (Komplexität II)

10. Minitennis (Komplexität III)

Lernziele

Durch platzierte Schläge von unten den Gegner mit Ball und Schläger ausspielen, schnelle und variable Laufarbeit.

Spiel

Mit platzierten Schlägen von unten versuchen die Spieler A und B den Ball so über die Langbank in die gegnerische Spielhälfte zu spielen, dass dieser dort mehr als einmal aufspringt bzw. der Ball wird so gespielt, dass der Rückschläger diesen nach einem Bodenkontakt in seiner Spielhälfte außerhalb von dieser nicht direkt aus der Luft zurückspielen kann. Der Ball darf erst dann in die gegnerische Spielhälfte zurückgespielt werden, wenn er einmal in der eigenen Spielhälfte aufgesprungen ist. Beim Überspielen der Langbank darf der Ball diese nicht berühren. Für jeden Fehler eines Spielers erhält der Gegner einen Punkt.

Geräte und Organisation

Vier Hütchen, eine Langbank, ein Federballschläger je Spieler, ein kleiner Gummiball pro Partnergruppe

Die Spieler A (mit Ball und Schläger) und B (nur mit Schläger) stehen sich in einem Spielfeld gegenüber, das sechs Meter lang und so breit wie eine Langbank ist. Die Spielfeldmitte bildet eine quer gestellte Langbank.

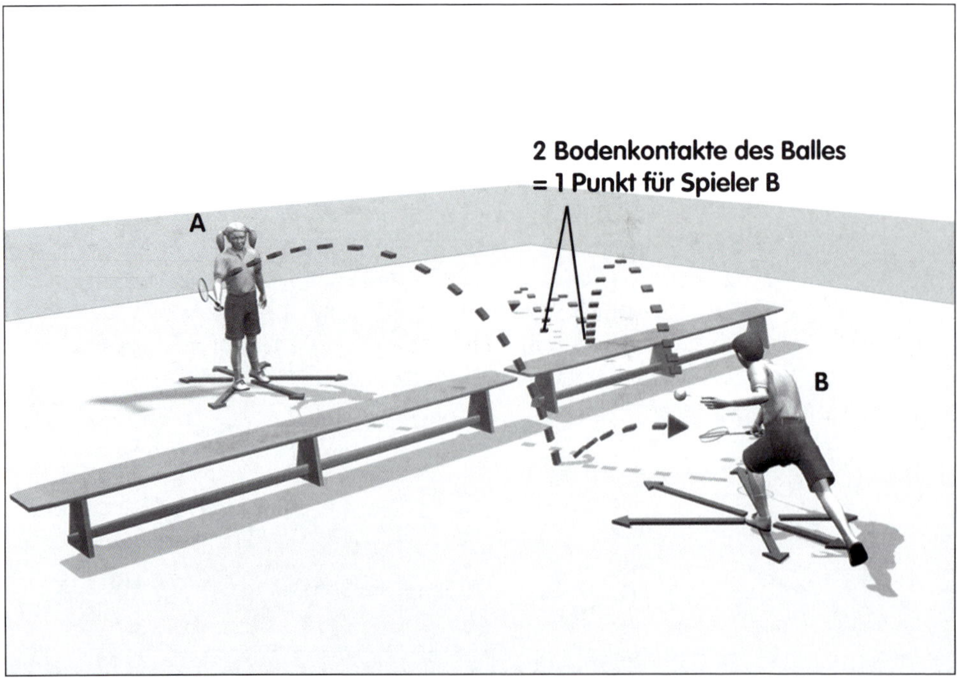

Hinweise

Ein Spiel gewonnen hat der Spieler, der als erster zehn Punkte erreicht hat!
Der erste Aufschlag wird vorher zwischen den beiden Spielern ausgelost!
Der Aufschlag wechselt ständig, unabhängig davon, welcher der beiden Spieler den Punkt gemacht hat!
Der Aufschlag erfolgt immer hinter der Grundlinie!
Ein fehlerhafter Aufschlag (der Ball fliegt nicht über die Langbank oder berührt diese, der Ball landet im Aus) wird sofort als Punkt für den Gegner gewertet!
Um einen sich in der Luft befindlichen Ball zurückzuschlagen, dürfen sich die Spieler auch außerhalb ihrer Spielhälfte bewegen!
Die Spielregeln können je nach Intention, Alter und Leistungsvermögen der Spieler verändert, aber auch erweitert werden!
Der Ball darf nicht über Kopfhöhe gespielt werden!
Dieses kleine Rückschlagspiel ist sehr interessant, bewegungsintensiv und macht vor allem Kindern großen Spaß!

Variante 01

Der Ball darf jetzt auch direkt zurückgespielt werden. (Komplexität III)

Variante 02

Der Aufschlag darf jetzt auch über Kopfhöhe gespielt werden. (Komplexität III)

Variante 03

Der Ball darf jetzt auch über Kopfhöhe zurückgespielt werden. (Komplexität III)

Variante 04

Es wird jetzt 2:2 gespielt. (Komplexität III)

Variante 05

Es wird jetzt über eine bis zu einem Meter hochgespannte Schnur gespielt. (Komplexität III)

Variante 06

Jetzt wird mit einem Softball und dem „Schläger“ Hand (Handfläche, Handrücken, Faust, Unterarm usw.) gespielt. So kann sowohl die Grundform, als auch deren Varianten gespielt werden. (Komplexität III)

01. Gegen die Wand schlagen (Komplexität I)

Lernziele

Einen kleinen Ball mit einem Schläger sicher und direkt gegen eine Wand schlagen

Übungsaufgabe

Die Spieler laufen auf der Stelle und schlagen in steter Folge aus kurzer Entfernung (ein bis zwei Meter Abstand) einen kleinen Gummiball mit einem Federballschläger gegen eine Hallenwand.

Geräte und Organisation

Eine Hallenwand, ein Federballschläger und ein kleiner Gummiball je Spieler
Die Spieler stehen – mit je einem kleinen Gummiball in der einen Hand und einem Federballschläger in der anderen Hand – ein bis zwei Meter vor einer Hallenwand. Der seitliche Abstand der Spieler zueinander beträgt jeweils mindestens zwei Meter.

Hinweise

Den günstigsten Abstand zur Hallenwand müssen die Spieler durch Ausprobieren selbst herausfinden!
Das Schlagtempo (Spieltempo) richtet sich vor allem nach der Aufwärmphase (langsames Spieltempo am Anfang, aber hohes Spieltempo am Ende)!
Die Spieler müssen ihr Spiel- und Lauftempo aufeinander abstimmen!

Hinweise

Bei dieser Übungsaufgabe sollte jedem Durchgang (z. B. 30 Sek. lang) eine in etwa gleich lange Stretchingphase (primäres Dehnen der Arm- und Schultermuskulatur) folgen!
Die Lehrer und Trainer müssen darauf achten, dass die Spieler Schläger und Bälle benutzen, die ihrem Kraftniveau entsprechen!
Die Spieler sollen in etwa gleich oft mit der rechten und linken Hand gegen die Wand spielen (Schonung der Handgelenke)!

Variante 01

Die Spieler müssen jetzt jeweils gegen eine Wandmarkierung (z. B. gegen ein kleines Kreidekreuz) bzw. über eine Wandmarkierung (z. B. über eine aufgeklebte Linie) spielen. (Komplexität I)

Variante 02

Der maximale Abstand zur Wand darf jetzt nur maximal 50 cm betragen. (Komplexität I)

Variante 03

Die Spieler müssen jetzt beim Spielen gegen die Wand im steten Wechsel kurz vorwärts und rückwärts laufen bzw. kurz nach rechts und links mit Nachstellschritten agieren. (Komplexität II)

Variante 04

Die Spieler müssen jetzt beim Spielen gegen die Wand kurz beidbeinig oder einbeinig (regelmäßiger Sprungbeinwechsel!) springen bzw. anfersen. (Komplexität II)

Variante 05

Die Spieler müssen jetzt im steten Wechsel direkt gegen die Wand spielen und sich den Ball einmal kurz hochspielen. (Komplexität II)

Variante 06

Die Spieler müssen jetzt im steten Wechsel direkt und nach einem Bodenkontakt gegen die Wand spielen. (Komplexität I)

Variante 07

Die Spieler müssen jetzt den Ball beidhändig gegen die Wand spielen. (Komplexität I)

Variante 08

Die Spieler müssen jetzt andere Schläger und Bälle benutzen. (Komplexität I)

02. Balljonglieren über eine Langbank (Komplexität I)

Lernziele

Einen kleinen Ball mit einem Schläger jonglieren, Balancegefühl

Übungsaufgabe

Die Spieler gehen, traben oder laufen über eine längs gestellte Langbank und jonglieren dabei einen kleinen Gummiball mit einem Federballschläger.

Geräte und Organisation

Zwei Hütchen, eine Langbank, ein Federballschläger und ein kleiner Gummiball je Spieler
Der erste Spieler steht mit Ball und Schläger vor dem kleinen Start-Hütchentor. Die weiteren Spieler stehen – ebenfalls mit Ball und Schläger – in Reihe dahinter. Etwa zwei Meter vor dem kleinen Start-Hütchentor steht eine Langbank längs.

Hinweise

Die Spieler dürfen diese Übungsaufgabe erst dann durchführen, wenn sie das Balljonglieren mit dem Schläger auf dem Boden sicher beherrschen!
Die Spieler sollen diese Übungsaufgabe zuerst im Gehen durchführen. Gelingt dies ohne Schwierigkeiten, kann in den Trab oder sogar in ein leichtes Laufen übergegangen werden!

Hinweise

Die Spieler müssen ihr Jonglier- und Lauftempo aufeinander abstimmen!
Die Spieler dürfen den Ball weder vor noch nach der Langbank mit dem Schläger jonglieren!
Die Lehrer und Trainer müssen darauf achten, dass die Spieler Schläger und Bälle benutzen, die ihrem Kraftniveau entsprechen!
Die Spieler sollen beim Balljonglieren den Schläger in etwa gleich oft in der rechten und linken Hand halten!

Variante 01

Die Spieler müssen jetzt beim Überlaufen der Langbank den Ball auf dem Schläger balancieren (Übungserleichterung für schwächere Spieler!). (Komplexität I)

Variante 02

Die Spieler müssen jetzt den Ball im steten Wechsel
mit dem Schläger kurz und lang jonglieren. (Komplexität II)

Variante 03

Die Spieler müssen jetzt ab dem kleinen Start-Hütchentor den Ball mit dem Schläger jonglieren. Dabei kann es beim Hinauf- und Heruntersteigen der Langbank zu koordinativen Schwierigkeiten kommen. (Komplexität II)

Variante 04

Die Spieler müssen jetzt beim Balljonglieren mit dem Schläger auf der Langbankmitte eine ganze Drehung durchführen. (Komplexität II)

Variante 05

Die Spieler müssen jetzt beim Balljonglieren mit dem Schläger auf der Langbankmitte die Schlaghand wechseln. (Komplexität II)

Variante 06

Die Spieler müssen jetzt beim Balljonglieren mit dem Schläger die Langbank vorwärts übergrätschen. (Komplexität I)

Variante 07

Siehe Variante 06, nur die Spieler müssen jetzt den Ball nach jedem Jonglierkontakt einmal auf der Langbank bzw. einmal rechts oder links neben der Langbank auf dem Boden aufspringen lassen. (Komplexität II)

03. Luftballontreiben (Komplexität II)

Lernziele

Im Vorwärtsgehen- bzw. traben zwei Luftballons durch Schlagbewegungen in der Luft halten

Übungsaufgabe

Die Spieler treiben jeweils im Gehen oder Traben zwei Luftballons von einer Linie zur anderen. Dabei müssen diese im steten Wechsel mit der rechten und linken Handfläche vor-hoch gespielt werden.

Geräte und Organisation

Vier Hütchen, zwei Luftballons je Spieler
Die Spieler stehen – in jeder Hand jeweils einen Luftballon, in Linie und mit genügend Abstand zueinander – auf der Seitenlinie eines Volleyballfeldes.

Hinweise

Vor allem Grundschülern bereitet das Üben mit Luftballons großen Spaß!
Gerade schwachen Schülern können Übungen mit Luftballons relativ schnell und leicht Erfolgserlebnisse vermitteln!
Bei dieser Übungsaufgabe sollte die Mindestschlaghöhe 30 cm betragen!

Hinweise

Es ist gar nicht so einfach, bei dieser Übungsaufgabe ins Traben zu kommen!
Die Spieler sollten jeweils zwei andersfarbige Luftballons benutzen!

Variante 01

Die Spieler müssen jetzt im steten Wechsel die zwei Luftballons mit dem rechten und linken Handrücken bzw. mit der rechten und linken Faust vor-hoch spielen. (Komplexität I)

Variante 02

Die Spieler müssen jetzt nach jedem Luftballonkontakt einmal kurz in die Hände klatschen. (Komplexität II)

Variante 03

Die Spieler müssen jetzt die zwei Luftballons unterschiedlich vor-hoch spielen (z. B. den rechten Luftballon 30 cm hoch und den linken Luftballon 50 cm hoch). (Komplexität II)

Variante 04

Die Spieler müssen jetzt beim Luftballontreiben auf jeder Bahn eine ganze Drehung durchführen. (Komplexität II)

Variante 05

Jetzt wird jeweils in Partnerarbeit geübt. Die zwei Spieler stehen mit drei Luftballons in ihrem kleinen Spielquadrat (3 x 3 m). Dabei trägt der eine Spieler einen Luftballon und der andere Spieler zwei Luftballons.
Die zwei Spieler sollen jetzt in ihrem kleinen Spielquadrat drei Luftballons durch Schlagbewegungen mit der Hand in der Luft halten. (Komplexität II)

Variante 06

Die zwei Spieler müssen jetzt die drei Luftballons mit dem Unterarm, durch Pritschen bzw. durch Baggern in der Luft halten. (Komplexität II)

Variante 07

Die zwei Spieler müssen jetzt nach jedem Luftballonkontakt einmal kurz mit einer Hand auf den Boden auftippen bzw. einmal kurz hinter dem Rücken in die Hände klatschen. (Komplexität III)

04. Bogenlauf-Pritschen (Komplexität II)

Lernziele

Zielpritschen nach kurzer konditioneller Vorbelastung, Hindernissen schnell und geschmeidig ausweichen

Übungsaufgabe

Der Spieler B startet vom Start- und Umkehrhütchen aus, durchläuft die zwei Hütchen in einem Rechts-Links-Bogen bzw. in einem Links-Rechts-Bogen, pritscht den Zuwurf des Spielers A zurück, startet mit einer halben Drehung zurück zum Start- und Umkehrhütchen, umläuft es mit einer halben Drehung und beginnt wieder mit dem Bogenlauf usw.

Geräte und Organisation

Drei Hütchen, ein Softball für zwei Spieler
Der Spieler B steht direkt vor seinem Start- und Umkehrhütchen. Etwa einen Meter vor diesem stehen zwei Hütchen auf Lücke (50 Zentimeter bis ein Meter) hintereinander. Der Zuspieler A steht mit dem Softball in den Händen etwa zwei Meter vom hinteren Hütchen entfernt.

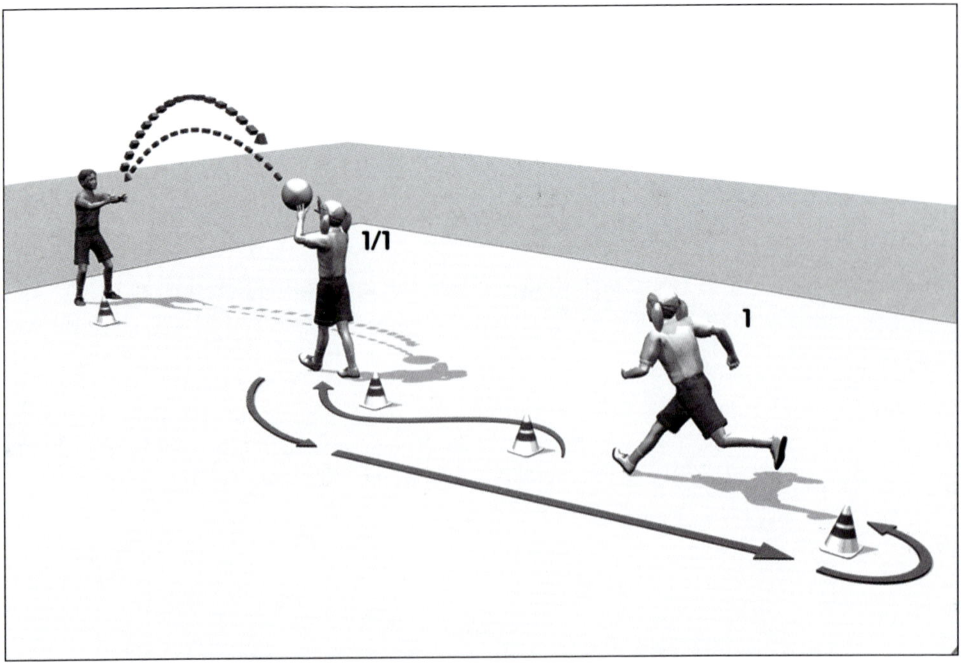

Hinweise

Bei leistungsschwachen Spielern wirft der Zuspieler A immer erst dann zu, wenn der Spieler B in der Grundstellung zum Pritschen steht. Leistungsstarke Spieler erhalten das Zuspiel noch in der Vorwärtsbewegung!

Hinweise

Gerade im Grundschulbereich ist der beidhändige Schockwurf das sicherste und genaueste Zuspiel!
Die Spieler B sollen den Bogenlauf im steten Wechsel nach rechts und links beginnen!
Die Spieler B sollen das Start- und Umkehrhütchen im steten Wechsel rechts- und linksherum mit einer halben Drehung umlaufen!
Die Spieler B dürfen die drei Hütchen zu keinem Zeitpunkt berühren!
Kommen die Spieler B zum Pritschen nicht richtig unter den Ball, so sollen sie ihn fangen und zum Zuspieler A zurückwerfen!
Nach zehn Übungswiederholungen werden die Aufgaben gewechselt!

Variante 01

Die Spieler B müssen sich jetzt jeweils einmal den Ball kurz hochpritschen, bevor sie ihn zum Zuspieler A zurückpritschen. (Komplexität II)

Variante 02

Die Spieler B müssen jetzt jeweils den Ball zurückbaggern, mit einem Minisprung zurückpritschen bzw. mit einem kleinen Hechtsprung zurückbaggern. (Komplexität II)

Variante 03

Die Spieler B müssen jetzt jeweils die zwei Hütchen auf Lücke überlaufen, auf einem Bein überspringen bzw. übergrätschen. (Komplexität II)

Variante 04

Siehe Grundform, nur die Spieler B müssen jetzt beim Bogenlauf die zwei Hütchen auf Lücke jeweils kurz mit der Innenhand antippen. (Komplexität II)

05. Sprungbrettpass (Komplexität II)

Lernziele

Einen kleinen Ball mit einem Hockeyschläger sicher und eng führen, Rollpass über ein Hindernis

Übungsaufgabe

Der erste Spieler führt (dribbelt) seinen kleinen Ball mit dem Hockeyschläger bis kurz vor das erste Sprungbrett, schlenzt den Ball so getimt auf dieses hinauf, dass er auf das erste Sprungbrett hinaufrollt und vom zweiten Sprungbrett herunterrollt, umläuft beide Sprungbretter rechts oder links, nimmt den Ball an, dribbelt durchs kleine Umkehr-Hütchentor, umdribbelt es außen mit einer halben Drehung rechts- bzw. linksherum und dribbelt dann locker hinter die Spielerreihe.

Geräte und Organisation

Vier Hütchen, zwei Sprungbretter, ein Hockeyschläger aus Kunststoff und ein kleiner Kunststoffball je Spieler
Der erste Spieler steht – mit dem Hockeyschläger in den Händen und dem kleinen Ball am Schläger – im kleinen Start-Hütchentor. Die weiteren Spieler stehen – ebenfalls mit Ball und Schläger – in Reihe dahinter. Etwa zwei Meter vor dem kleinen Start-Hütchentor liegen zwei Sprungbretter direkt aneinander. Das erste Sprungbrett zeigt „den Berg hinauf" und das zweite Sprungbrett zeigt „den Berg hinunter". Etwa zwei Meter hinter den zwei Sprungbrettern steht das kleine Umkehr-Hütchentor.

Hinweise

Gerade für die Grundschule sind stabile Kunststoffschläger am günstigsten (leichter, gefahrloser und preiswerter)!
Kleine Kunststoffbälle sind Kunststoffpucks vorzuziehen, da sie schneller und leichter in den Griff zu bekommen sind. Allerdings haben sie den Nachteil, dass sie sehr schnell „in die Luft gehen"!
Kinder lernen relativ schnell, wie man einen kleinen Ball mit einem Schläger „vom Boden abhebt" (schlenzt)!
Die Spieler sollen von Anfang an lernen, den kleinen Ball eng mit dem Schläger zu führen (zu dribbeln)!
Die Spieler sollen im steten Wechsel rechts und links an den zwei Sprungbrettern vorbeilaufen!
Die Spieler sollen im steten Wechsel das kleine Umkehr-Hütchentor rechts- und linksherum mit einer halben Drehung außen umdribbeln!

Variante 01

Die Spieler müssen jetzt – vom kleinen Start-Hütchentor aus und aus dem Stand – den kleinen Ball kurz vorspielen, nachstarten und diesen dann kurz vor dem ersten Sprungbrett mit dem Schläger annehmen (stoppen). (Komplexität II)

Variante 02

Die Spieler sollen jetzt versuchen, den kleinen Ball möglichst über beide Sprungbretter mit dem Schläger zu schlenzen. (Komplexität II)

Variante 03

Die Spieler sollen jetzt den kleinen Ball direkt, also ohne Ballannahme, durch das kleine Umkehr-Hütchentor spielen (schlagen), dieses rechts oder links umlaufen, mit einer halben Drehung hinter den Ball kommen, diesen mit dem Schläger annehmen (stoppen) und dann – rechts oder links am kleinen Umkehr-Hütchentor vorbei – locker hinter die Spielerreihe zurückdribbeln. (Komplexität II)

06. Durch eine Hütchenhürde passen (Komplexität II)

Lernziele

Einen kleinen Ball mit einem Hockeyschläger durch ein Hindernis zum Partner passen, ein Hindernis geschickt rückwärts, seitwärts und vorwärts umlaufen

Übungsaufgabe

Aus dem Stand passt der Spieler A flach durch die Hütchenhürde zum Spieler B und umläuft mit einer halben Drehung sein Umlaufhütchen rückwärts, seitwärts und vorwärts. Der Spieler B nimmt den Ball an, passt ebenfalls aus dem Stand flach durch die Hütchenhürde zum Spieler A und umläuft mit einer halben Drehung sein Umlaufhütchen rückwärts, seitwärts und vorwärts. Jetzt nimmt der schon stehende Spieler A den Ball an usw.

Geräte und Organisation

Vier Hütchen, eine Kunststoffstange, ein Hockeyschläger aus Kunststoff je Spieler, ein kleiner Kunststoffball für beide Spieler
Die Spieler A und B stehen sich – jeweils mit einem Hockeyschläger in den Händen – in einem Abstand von fünf Metern gegenüber. Der Spieler A hat zusätzlich den kleinen Ball am Schläger. Direkt hinter A und B steht jeweils deren Umlaufhütchen. Genau in der Mitte zwischen den beiden ist eine Hütchenhürde aufgestellt.

Hinweise

Die Spieler A und B sollen stets Blickkontakt zueinander halten, auch wenn sie jeweils ihr Umlaufhütchen umlaufen!
Die Spieler A und B sollen im steten Wechsel mit der Vorhand und der Rückhand den Ball annehmen und zum Partner passen!
Die Spieler A und B sollen bei den Pässen durch die Hütchenhürde jeweils lange mit dem Schläger am Ball bleiben und diesen konsequent flach halten!
Die Pässe dürfen erst dann zum Partner gespielt werden, wenn dieser nach dem Umlaufen seiner Umlaufhürde jeweils wieder steht!
Der jeweilige Abstand der Spieler A und B zur Hütchenhürde kann je nach Intention, nach deren Alter und Leistungsvermögen vergrößert oder verkleinert werden!
Die Spieler A und B sollen jeweils im steten Wechsel ihre Umlaufhürde rechts- und linksherum mit einer halben Drehung umlaufen!

Variante 01

Die Spieler A und B sollen jetzt jeweils so getimt durch die Hütchenhürde zum Partner passen, dass dieser den Ball in der Vorwärtsbewegung annehmen kann. (Komplexität II)

Variante 02

Die Spieler A und B sollen sich jetzt den Ball möglichst direkt durch die Hütchenhürde zupassen. (Komplexität II)

Variante 03

Die Spieler A und B müssen jetzt vor jedem Pass durch die Hütchenhürde zum Partner eine Passfinte durchführen. (Komplexität II)

Variante 04

Die Spieler A und B müssen jetzt nach jedem Pass ihr Umlaufhütchen rückwärts und dann sofort vorwärts übergrätschen bzw. sie müssen sich nach jedem Pass jeweils kurz und weich auf ihrem Umlaufhütchen absetzen. (Komplexität II)

Kapitel 5

Ballspiele mit Fuß und Hand
Ballspiele mit Hand und Kopf
Ballspiele mit Fuß, Hand und Kopf
Übungen mit Fuß und Hand
Übungen mit Hand und Kopf

01. Prellball über Hütchen (Komplexität I)

Lernziele

Schnelles Prellen, nach Eigenvorlage Zielpass direkt aus der Luft mit dem Fuß

Spielaufgabe

Wer kann in der Spielzeit möglichst oft auf ein Hütchen zuprellen, den Ball aus den Händen und direkt aus der Luft mit dem Fuß über das Hütchen spielen, dieses umlaufen und dann den Ball nach dem ersten Bodenkontakt fangen?
Jedes korrekte Fußspiel über ein Hütchen nach Eigenvorlage wird mit einem Punkt bewertet. Welcher Spieler erzielt am Ende der Spielzeit die meisten Punkte?

Geräte und Organisation

14 Hütchen, ein Ball je Spieler
Vier Hütchen begrenzen das Volleyballfeld, zehn Hütchen und die Spieler mit je einem Ball in der Hand sind im Spielfeld gleichmäßig verteilt aufgestellt.

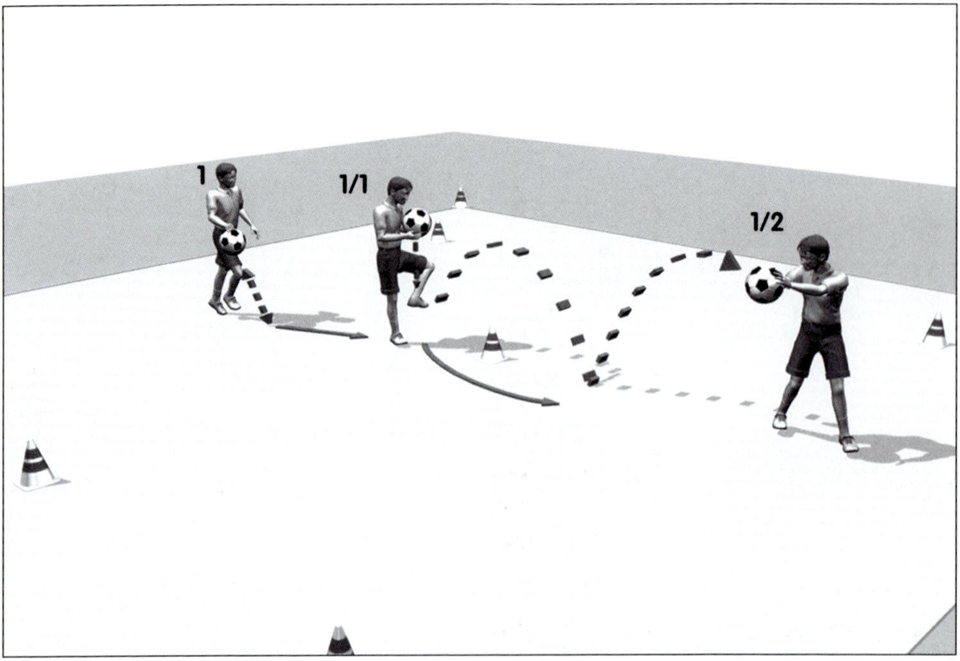

Hinweise

Der Ball darf beim Überfliegen die Hütchen nicht berühren!
Die Spieler sollen in etwa gleich oft mit der rechten und linken Hand prellen!

Hinweise

Die Spieler sollen in etwa gleich oft mit dem rechten und linken Fuß zielpassen!

Variante 01

Ist der Ball über die Hütchen geflogen, so müssen ihn die Spieler jetzt nach dem ersten Bodenkontakt aus der Luft mit dem Fuß kontrollieren. (Komplexität II)

Variante 02

Die Spieler müssen jetzt den Ball nach Eigenvorlage mit dem Oberschenkel bzw. per Minisprungkopfball über die Hütchen spielen. (Komplexität I)

Variante 03

Die Spieler müssen jetzt auf die Hütchen zudribbeln, den Ball mit den Händen aufnehmen, ihn kurz hochwerfen und über die Hütchen köpfen, diese umlaufen, den Ball nach dem ersten Bodenkontakt fangen und dann auf den Boden ablegen bzw. diesen aus der Luft mit dem Oberschenkel kontrollieren. (Komplexität II)

Variante 04

Die Spieler müssen jetzt auf die Hütchen zuprellen, den Ball nach Eigenvorlage über die Hütchen pritschen, diese umlaufen, den Ball direkt aus der Luft mit dem Fuß bzw. dem Oberschenkel kontrollieren und dann mit den Händen aufnehmen. (Komplexität II)

Variante 05

Siehe Variante 04, nur ist der Ball über die Hütchen geflogen, so müssen ihn die Spieler jetzt direkt aus der Luft mit der Brust kontrollieren. (Komplexität II)

Variante 06

Die Spieler müssen jetzt mit dem Ball in den Händen auf die Hütchen zulaufen, diese überspringen und dabei einen Kopfstoß antäuschen (Kopfballfinte). (Komplexität I)

Variante 07

Die Spieler müssen jetzt auf die Hütchen zuprellen, den Ball zwischen die Unterschenkel klemmen, so über die Hütchen springen und dann den Ball mit den Händen aufnehmen. (Komplexität I)

02. Dreiecksrollen (Komplexität II)

Lernziele

Zielrollen mit einer Hand, schnell und geschmeidig an einem Hindernis vorbeidribbeln

Spielaufgabe

Wer kann in der Spielzeit möglichst oft mit einem Ball in den Händen auf ein Hütchendreieck zulaufen, den Ball mit einer Hand durch eine Dreiecksseite ins Hütchendreieck rollen, nachstarten, den Ball mit dem Fuß kontrollieren und dann am dritten Hütchen (passiver Gegner) rechts oder links vorbeidribbeln?
Jedes korrekte Hineinrollen in ein Hütchendreieck und aus ihm wieder heraus dribbeln wird mit einem Punkt bewertet. Welcher Spieler erzielt am Ende der Spielzeit die meisten Punkte?

Geräte und Organisation

19 Hütchen, ein Ball je Spieler
Vier Hütchen begrenzen das Volleyballfeld, fünf Hütchendreiecke und die Spieler mit je einem Ball in der Hand sind im Spielfeld gleichmäßig verteilt aufgestellt.

Hinweise

Die Spieler müssen den Ball nach jedem Dribbling wieder mit den Händen aufnehmen!
Die Spieler sollen in etwa gleich oft den Ball mit der rechten und der linken Hand ins Hütchendreieck rollen!
Die Spieler sollen in etwa gleich oft das dritte Hütchen rechts und links umdribbeln!

Variante 01

Die Spieler müssen jetzt vor dem Vorbeidribbeln am dritten Hütchen eine Finte durchführen. (Komplexität II)

Variante 02

Die Spieler müssen jetzt das dritte Hütchen mit einer ganzen Drehung umdribbeln. (Komplexität II)

Variante 03

Die Spieler müssen jetzt auf die Hütchendreiecke zuprellen, den Ball mit der Hand durch eine Dreiecksseite ins Hütchendreieck drücken, nachstarten, den Ball nach nur einem Bodenkontakt mit dem Fuß aus der Luft kontrollieren, eine Torschussfinte durchführen und dann am dritten Hütchen (passiver Gegner) rechts oder links vorbeidribbeln. (Komplexität II)

Variante 04

Siehe Variante 03, nur die Spieler müssen jetzt das dritte Hütchen überlupfen und es dann rechts oder links umlaufen. (Komplexität II)

Variante 05

Die Spieler müssen jetzt auf die Hütchendreiecke zuprellen, den Ball beidhändig und im Bogen in die Hütchendreiecke werfen, nachstarten, den Ball direkt aus der Luft über das dritte Hütchen köpfen, rechts oder links an ihm vorbeilaufen und dann den Ball wieder zum Prellen aufnehmen. (Komplexität I)

Variante 06

Die Spieler müssen jetzt auf die Hütchendreiecke zudribbeln, in diese zielpassen, nachstarten, den Ball mit der Fußsohle abstoppen, ihn über das dritte Hütchen lupfen, dieses rechts oder links umlaufen bzw. übergrätschen, den Ball direkt aus der Luft fangen und ihn dann zum Dribbeln wieder auf den Boden legen. (Komplexität II)

03. Dreierschlaufe (Komplexität III)

Lernziele

Kurzes und schnelles Prellen, Dribbeln und Rollen mit Richtungsänderungen

Spielaufgabe

Wer kann in der Spielzeit möglichst oft mit dem Ball in den Händen auf ein Hütchendreieck zulaufen, in einer ersten Schlaufe um das erste Hütchen prellen, den Ball ablegen, in einer zweiten Schlaufe um das zweite Hütchen dribbeln, in einer dritten Schlaufe den Ball mit einer Hand um das dritte Hütchen rollen und ihn dann wieder mit den Händen aufnehmen

Jede korrekte Dreierschlaufe – prellen, dribbeln und rollen – wird mit einem Punkt bewertet. Welcher Spieler erzielt am Ende der Spielzeit die meisten Punkte?

Geräte und Organisation

19 Hütchen, ein Ball je Spieler

Vier Hütchen begrenzen das Volleyballfeld, fünf Hütchendreiecke und die Spieler mit je einem Ball in der Hand sind im Spielfeld gleichmäßig verteilt aufgestellt.

Hinweise

Die Spieler sollen in etwa gleich oft mit einer Schlaufe linksherum (mit der rechten Hand) und einer Schlaufe rechtsherum (mit der linken Hand) beginnen!

Hinweise

Die Spieler sollen in engen Radien um die drei Hütchen prellen, dribbeln und rollen, dürfen diese dabei aber nicht berühren!
Die Spieler sollen elegant und rhythmisch von einer Balltechnik zur anderen wechseln!

Variante 01

Die Spieler müssen jetzt jeweils die drei Hütchen kurz mit der Innenhand antippen. (Komplexität III)

Variante 02

Siehe Variante 01, nur die Spieler dürfen jetzt die erste Schlaufe nur hütchenhoch prellen. (Komplexität III)

Variante 03

Die Reihenfolge prellen, dribbeln und rollen wird jetzt verändert. (Komplexität III)

Variante 04

Die Spieler müssen jetzt die drei Hütchen beim Prellen, Dribbeln und Rollen übergrätschen. (Komplexität III)

Variante 05

Die Spieler müssen jetzt mit dem Ball in den Händen auf ein Hütchen der Hütchendreiecke zulaufen, den Ball nach einer kurzen Eigenvorlage im Bogen über das Hütchen ins Hütchendreieck pritschen, dieses rechts oder links umlaufen, den Ball direkt aus der Luft mit dem Oberschenkel, dem Fuß bzw. dem Kopf kontrollieren, ihn durch die vordere Dreiecksseite passen, das rechte oder linke Hütchen dieser Dreiecksseite außen umlaufen und dann den Ball wieder mit den Händen aufnehmen. (Komplexität III)

Variante 06

Die Spieler müssen jetzt auf ein Hütchen der Hütchendreiecke zuprellen, den Ball im Bogen über dieses ins Hütchendreieck werfen, das Hütchen rechts oder links umlaufen, den Ball direkt aus der Luft mit dem Fuß bzw. dem Oberschenkel kontrollieren, das rechte oder linke Hütchen der vorderen Dreiecksseite außen umdribbeln und dann den Ball zum Prellen wieder mit den Händen aufnehmen. (Komplexität II)

04. Balltausch (Komplexität II)

Lernziele

Schnelles und sicheres Dribbeln, gleichzeitiger Zielwurf, einen Ball sicher fangen

Spielaufgabe

Wer kann in der Spielzeit möglichst oft dribbelnd mit einem neuen Dribbelpartner Blickkontakt aufnehmen, auf ihn zudribbeln, den Ball mit den Händen aufnehmen (der neue Partner tut das ebenso), durch möglichst gleichzeitiges Zuwerfen und Fangen den Ball tauschen, sich den neuen Ball zum Dribbeln vor die Füße legen (der neue Partner tut das ebenso) und sich jetzt durch Blickkontakt möglichst schnell den nächsten Dribbelpartner suchen?
Jeder korrekte Balltausch durch Werfen und Fangen wird für beide Spieler mit einem Punkt bewertet. Welcher Spieler erzielt am Ende der Spielzeit die meisten Punkte?

Geräte und Organisation

Vier Hütchen, ein Ball je Spieler
Vier Hütchen begrenzen das Volleyballfeld und die Spieler mit je einem Ball am Fuß sind im Spielfeld gleichmäßig verteilt aufgestellt.

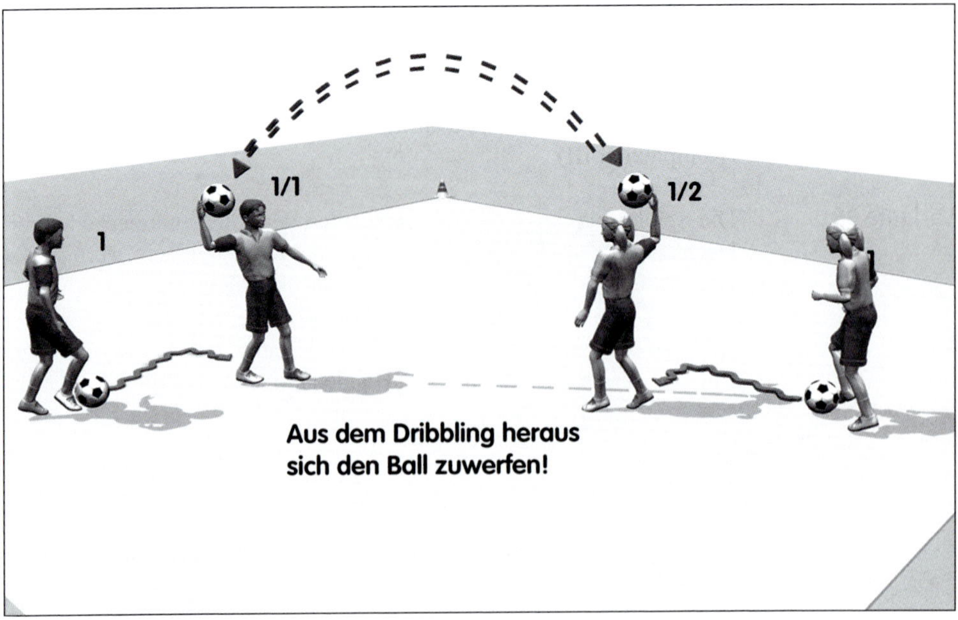

Hinweise

Die Spieler müssen sofort nach der Ballaufnahme mit den Händen mit dem momentanen Partner Blickkontakt aufnehmen!
Die Spieler sollen sich in etwa gleich oft den Ball mit der rechten und linken Hand zuwerfen!
Beim jeweils gemeinsamen Wurf muss immer ein Spieler agieren und der Partner blitzschnell reagieren!

Variante 01

Die Spieler müssen sich jetzt ihren Ball so zuwerfen, dass der eine Ball oben und der andere Ball unten zugeworfen wird. (Komplexität II)

Variante 02

Die Spieler müssen sich jetzt ihren Ball so zuwerfen, dass beide Bälle leicht seitlich von der rechten Hand auf die linke Hand bzw. von der linken Hand auf die rechte Hand zugeworfen werden. (Komplexität II)

Variante 03

Die Wurftechnik (Schlagwurf, Druckwurf, Schockwurf usw.) wird jetzt vorher festgelegt. (Komplexität II)

Variante 04

Der jeweilige Partnerabstand darf jetzt beim Balltausch maximal einen Meter betragen. (Komplexität II)

Variante 05

Die Partner müssen sich jetzt den Ball jeweils indirekt zuwerfen, ein Spieler wirft direkt zu und der Partner indirekt bzw. beide werfen im Sprung zu. (Komplexität II)

Variante 06

Die Partner müssen jetzt jeweils vor dem Balltausch tippen. (Komplexität II)

Variante 07

Die Partner müssen jetzt nach jedem Zuwurf kurz in die Hände klatschen. (Komplexität II)

Variante 08

Die Partner müssen jetzt nach jedem Fangen mit dem Ball in den Händen eine schnelle ganze Drehung durchführen. (Komplexität II)

05. Umdribbeln und Abwerfen (Komplexität III)

Lernziele

Schnelles Dribbeln und Fintieren, sicheres Prellen, Zielwerfen auf kleine Hindernisse

Spiel

Der Lehrer/Trainer gibt jeweils für den Spielbeginn den Impuls (z. B. Pfiff). Jetzt versuchen die dribbelnden Angreifer die Abwehrspieler (diese dürfen sich nur auf der Linie verschieben) mit einer Finte und schnellem Antritt zu umspielen, nehmen den Ball mit den Händen auf, prellen kurz und werfen noch vor der Abwurflinie auf ein Bankhütchen.
Jeder Hütchenabwurf wird mit einem Punkt bewertet. Welcher Spieler hat z. B. nach zehn Durchgängen die meisten Punkte?

Geräte und Organisation

17 Hütchen, vier Langbänke, ein Ball je Angreifer
Vor eine Hallenwand – hier die rechte – werden vier Langbänke nebeneinander gestellt. Auf diese werden neun Hütchen platziert. Die – hier vier – Angreifer stehen mit je einem Ball am Fuß nebeneinander und vor der – hier linken – Hallenwand. Die – hier drei – Verteidiger stehen auf der Verschiebelinie. Die Abwurflinie ist etwa zehn Meter hinter dieser markiert und danach beginnt die Tabuzone.

Hinweise

Verliert ein Angreifer einen Zweikampf, so ist dieser Durchgang für ihn beendet!
Verlässt ein Angreifer das Spielfeld, so ist dieser Durchgang ebenfalls für ihn beendet!
Übertritt ein Angreifer beim Wurf auf ein Hütchen die Abwurflinie, so kann ein Treffer nicht gewertet werden!
Die Hütchen werden erst dann wieder auf die Langbänke gestellt, wenn alle Neune abgeworfen worden sind!

Variante 01

Die Spieler müssen jetzt indirekt, beidhändig bzw. mit einer vorher festgelegten Wurftechnik (Schlagwurf, Überkopfwurf, Druckwurf, Schockwurf usw.) auf die Hütchen werfen. (Komplexität III)

Variante 02

Die Spieler können jetzt nur dann einen Treffer landen, wenn sie gegen die Wand werfen und der zurückspringende Ball danach ein Hütchen von einer Langbank wirft. (Komplexität III)

Variante 03

Jetzt müssen die prellenden Angreifer die Abwehrspieler mit einer Finte und schnellem Antritt umspielen, den Ball auf den Boden ablegen, kurz dribbeln bzw. den Ball kurz vorspielen und nachstarten und dann noch vor der Abschusslinie auf ein Bankhütchen schießen. (Komplexität III)

Variante 04

Die neun Bankhütchen werden jetzt durch Medizinbälle ersetzt. (Komplexität III)

Variante 05

Siehe Grundform, nur an eine Hallenwand – hier die rechte – werden mittig drei Langbänke direkt nebeneinander als Bande (um 90° gedreht) gelegt. Vor jeder Langbankbande steht ein Torhüter. Die Angreifer werfen jetzt noch vor der Abwurflinie gegen einen der drei Torhüter auf eine Langbankbande. (Komplexität III)

Variante 06

Die Angreifer werfen jetzt indirekt gegen eine Langbankbande. (Komplexität III)

06. Dribbel bzw. Handfangen (Komplexität II)

Lernziele

Schnelle und enge Ballführung mit Richtungsänderungen, schnelles Agieren und Reagieren

Spiel

Auf Lehrerpfiff jagt der Dribbelfänger die Dribbelausreißer. Kommt ein Dribbelausreißer in eine brenzlige Situation, kann er blitzschnell seinen Ball mit den Händen aufnehmen und so weiterlaufen. Der Dribbelfänger muss jetzt ebenso seinen Ball mit den Händen aufnehmen und so weiterfangen. Der Fänger kann nur dann einen anderen Spieler jagen, wenn der momentane Ausreißer noch nicht seinen Ball mit den Händen aufgenommen hat oder schon wieder zum Dribbling übergegangen ist (den Ball jeweils vor die Füße ablegen).
Jeder mit der Hand auf dem Rücken abgeschlagene Dribbelausreißer bzw. jeder mit dem Ball in den Händen auf dem Rücken abgeschlagene Ausreißer wird sofort der neue Fänger. Welcher Spieler wird in der gesamten Spielzeit nie Fänger?

Geräte und Organisation

Vier Hütchen, ein Ball je Spieler
Vier Hütchen begrenzen das Volleyballfeld und die Spieler sind mit je einem Ball am Fuß gleichmäßig im Spielfeld verteilt.

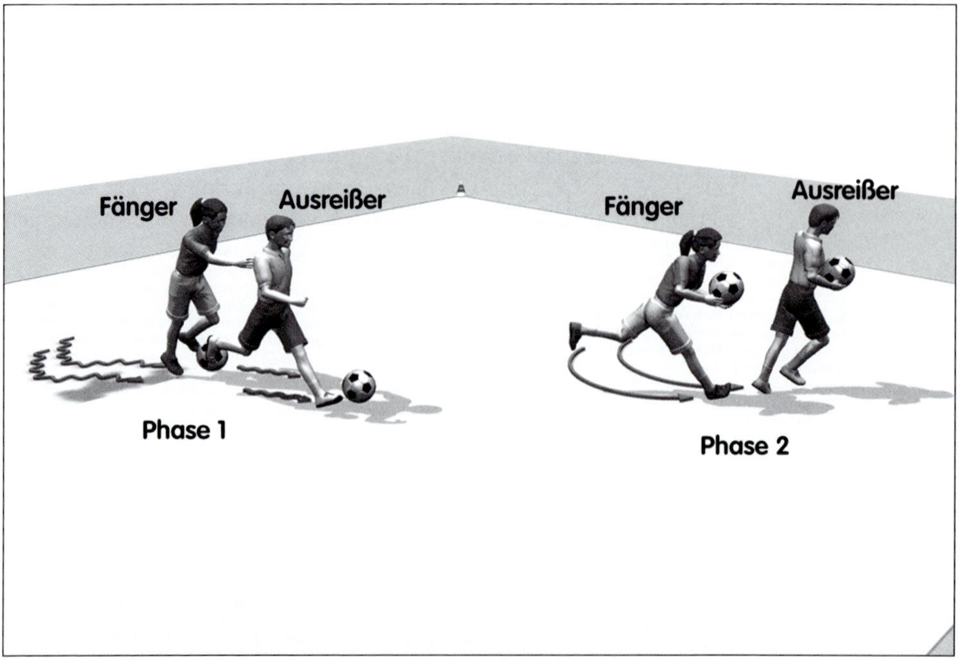

Hinweise

Dribbelfänger und Dribbelausreißer müssen ihren Ball eng am Fuß führen. Hat der Fänger beim Abschlag seinen Ball nicht eng am Fuß, so ist der Abschlag ungültig. Jeder Ausreißer, der den Ball nicht eng am Fuß führt, gilt als gefangen!
Das Spielfeld sollte relativ klein sein. Dadurch werden u. a. eine enge Ballführung, mehr Ausweichmanöver und mehr Drehungen und Wendungen mit dem Ball am Fuß provoziert!
Der Wechsel – den Ball am Fuß bzw. den Ball in den Händen – ist mehrmals möglich!
Nach jedem Abschlag beginnt das Fangen mit einem Dribbling!
Die Ausreißer sollten den Wechsel – den Ball am Fuß bzw. den Ball in den Händen – möglichst oft und dann jeweils taktisch geschickt nutzen!

Variante 01

Jetzt wird dieses Fangspiel als Nummernfangen durchgeführt. Dabei erhält jeder Spieler eine Zahl. Ruft der Lehrer z. B. kurz hintereinander die Zahlen 5 und 7 auf, so fängt nun der Spieler mit der ersten den Spieler mit der zweiten Zahl. Nach einem Abschlag werden zwei neue Spieler aufgerufen. (Komplexität II)

Variante 02

Kommt jetzt ein Dribbelausreißer in eine brenzlige Situation, kann er blitzschnell seinen Ball mit den Händen aufnehmen und weiterprellen. Der Dribbelfänger muss jetzt ebenso seinen Ball mit den Händen aufnehmen und weiterprellen. Der Fänger kann nur dann einen anderen Spieler jagen, wenn der momentane Ausreißer noch nicht seinen Ball mit den Händen zum Prellen aufgenommen hat bzw. schon wieder zum Dribbling übergegangen ist (den Ball jeweils vor die Füße ablegen). Jeder mit der Hand auf dem Rücken abgeschlagene Dribbelausreißer bzw. jeder mit der Nichtprellhand auf dem Rücken abgeschlagene Prellausreißer wird sofort der neue Fänger. (Komplexität II)

07. Hütchen durchwerfen (Komplexität II)

Lernziele

Sicheres und schnelles Prellen und Dribbeln, indirektes Zielwerfen durch ein Hindernis

Spiel

Auf Impuls prellt der Ballbesitzer zum kleinen Vertikal-Hütchentor, durchwirft dieses im indirekten Schlagwurf, umläuft es rechts oder links, kontrolliert den Ball mit dem Fuß, dribbelt bis zum ersten Spieler der Gegenseite, schlägt ihn ab und läuft hinter die rechte Reihe. Der erste Spieler der Gegenseite nimmt den Ball mit den Händen auf, beginnt zu prellen und übt jetzt ebenso.

Geräte und Organisation

Vier Hütchen, ein Ball
Bei jeder Mannschaft steht vor dem linken Starthütchen ein Spieler mit dem Ball in den Händen und vor dem rechten Starthütchen ein Spieler ohne Ball. Hinter den zwei Starthütchen stehen jeweils drei bis fünf Spieler in Reihe. Genau in der Mitte zwischen den zwei Starthütchen steht ein kleines Vertikal-Hütchentor.

Hinweise

Die Spieler sollen den Ball möglichst kurz durch das kleine Vertikal-Hütchentor werfen!
Beim Werfen durch das kleine Vertikal-Hütchentor darf der Ball die zwei Hütchen nicht berühren!
Die Spieler sollen in etwa gleich oft mit der rechten und linken Hand prellen und werfen!
Die Spieler sollen in etwa gleich oft mit dem rechten und linken Fuß dribbeln!
Die Spieler sollen in etwa gleich oft das kleine Vertikal-Hütchentor rechts und links umlaufen!

Variante 01

Die Spieler müssen jetzt im beidhändigen Druckwurf durch das kleine Vertikal-Hütchentor werfen. (Komplexität II)

Variante 02

Die Spieler müssen jetzt direkt über das kleine Vertikal-Hütchentor werfen. (Komplexität II)

Variante 03

Die Spieler müssen jetzt die zwei Hütchen des kleinen Vertikal-Hütchentores überlaufen bzw. in einem Rechts-Links-Bogen bzw. in einem Links-Rechts-Bogen durchlaufen. (Komplexität II)

Variante 04

Die Spieler müssen jetzt den Ball so getimt durch bzw. über das kleine Vertikal-Hütchentor werfen, dass sie ihn nach nur einem Bodenkontakt mit dem Fuß aus der Luft kontrollieren können. (Komplexität II)

Variante 05

Siehe Grundform, nur in der Mitte zwischen den zwei Starthütchen steht jetzt ein kleines Horizontal-Hütchentor. Auf Impuls prellt der Ballbesitzer zum kleinen Horizontal-Hütchentor, köpft (auch mit dem Fuß bzw. dem Oberschenkel) nach Eigenvorlage indirekt durch dieses, umläuft es rechts oder links, kontrolliert den Ball mit dem Fuß, dribbelt bis zum ersten Spieler der Gegenseite, schlägt ihn ab und läuft hinter die rechte Reihe. Der erste Spieler der Gegenseite nimmt den Ball mit den Händen auf, beginnt zu prellen und übt jetzt ebenso. (Komplexität II)

08. Hütchenkopfball (Komplexität II)

Lernziele

Schnelles Laufen und Zielköpfen mit hohem koordinativen Anteil

Spiel

Auf Impuls sprintet der Spieler mit dem Hütchen und dem Ball darin („Eisverkäufer“) bis kurz vor den ersten Spieler der Gegenseite, wirft den Ball aus dem Hütchen heraus kurz hoch, zielköpft zum ersten Spieler der Gegenseite und läuft mit seinem Hütchen in den Händen hinter die rechte Reihe. Der erste Spieler der Gegenseite fängt den Ball mit seinem Hütchen auf und übt jetzt ebenso.

Geräte und Organisation

Zwei Markierungs-Hütchen für die Starthütchen, ein Hütchen und ein Ball pro Spieler
Bei jeder Mannschaft steht vor dem linken Starthütchen ein Spieler mit einem Hütchen in den Händen. In diesem Hütchen („Eistüte“) liegt ein Ball („Eiskugel“).Vor dem rechten Starthütchen steht ein Spieler mit einem weiteren Hütchen in den Händen. Hinter den zwei Starthütchen stehen jeweils drei bis fünf Spieler in Reihe. Auch diese Spieler tragen jeweils ein Hütchen in den Händen.

Hinweise

Die Spieler sollen beim Köpfen die Augen offen halten und den Ball mit der Stirn treffen!
Die Spieler müssen vorher ausprobieren, welche Bälle aus den Hütchen herausgeworfen werden können!
Fällt aus einem Hütchen ein Ball zu Boden, so muss er sofort wieder vor Ort in das Hütchen gelegt werden!
Die Lehrer bzw. Trainer müssen immer darauf achten, dass die Spieler als „Eisverkäufer" nicht mit einer Hand das Hütchen tragen und mit der anderen Hand den Ball ins Hütchen drücken!

Variante 01

Die „Eisverkäufer" müssen jetzt den Ball indirekt zum nächsten Spieler köpfen. (Komplexität II)

Variante 02

Die „Eisverkäufer" müssen jetzt das Hütchen in einer Hand tragen, dürfen dabei aber den Ball nicht mit der anderen (freien) Hand berühren. (Komplexität II)

Variante 03

Die „Eisverkäufer" müssen jetzt den Ball direkt aus der Luft mit dem Fuß bzw. dem Oberschenkel zum nächsten Spieler passen. (Komplexität II)

Variante 04

Die „Eisverkäufer" müssen jetzt auf dem Weg zum nächsten Spieler eine schnelle ganze Drehung durchführen, mit Nachstellschritten agieren bzw. rückwärts laufen. (Komplexität II)

Variante 05

Die „Eisverkäufer" müssen jetzt auf dem Weg zum nächsten Spieler das Hütchen mit dem Ball darin auf dem Kopf balancieren. Dabei kann Beid- oder Einhandstütz gefordert werden. (Komplexität II)

09. Gemischte Dreierkombination (Komplexität I)

Lernziele

Schnelles und sicheres Werfen und Fangen, Zielpass direkt aus der Luft mit dem Fuß nach Eigenvorlage, Zielköpfen nach Eigenvorlage

Spielaufgabe

Welche Dreiergruppe kann in der Spielzeit möglichst oft folgende Ballkombination durchführen: A wirft zu B. Der fängt den Ball und schießt nach Eigenvorlage direkt aus der Luft mit dem Fuß zu C. Dieser fängt den Ball und köpft nach Eigenvorlage zu A. Der fängt den Ball usw.
Jede korrekte Dreierkombination wird für alle drei Spieler jeweils mit einem Punkt bewertet. Welche Dreiergruppe hat z. B. nach fünf Durchgängen die meisten Punkte?

Geräte und Organisation

Vier Hütchen, ein Ball je Dreiergruppe
Vier Hütchen begrenzen das Handballfeld und die Dreiergruppen (Spieler A, B und C) mit je einem Ball in der Hand von A sind im Spielfeld gleichmäßig verteilt aufgestellt.

Hinweise

Da alle Dreiergruppen in einem Spielfeld agieren, müssen alle Spieler zu jeder Zeit voll konzentriert sein. Ist das nicht der Fall, drohen nicht nur Bälle zusammenzustoßen, sondern auch Spieler (Verletzungsgefahr)!

Hinweise

Die Anzahl der Dreiergruppen hängt nicht nur von der Spielfeldgröße ab, sondern auch vom Alter und Leistungsvermögen der Spieler!
Nach dem ersten Spieldurchgang wirft A in der kurzen aktiven Erholung zu B. Der wirft jetzt und fängt, C fängt und schießt und A fängt und köpft!
Die Dreiergruppen sollen jeweils das ganze Spielfeld nutzen und sich nicht nur in einem begrenzten Spielfeldbereich aufhalten!
Die Spieler sollen sich in etwa gleich oft den Ball mit der rechten und linken Hand zuwerfen bzw. mit dem rechten und linken Fuß zuspielen!
Das Kombinationstempo in den Dreiergruppen darf zu keinem Zeitpunkt so hoch sein, dass die Balltechnik darunter leidet!
Der Kombinationsabstand der jeweils drei Spieler soll mindestens zwei Meter betragen!

Variante 01

Die Spieler in den Dreiergruppen müssen jetzt in jedem Spieldurchgang ständig die Zuspieltechnik (Werfen, Schießen und Köpfen) wechseln. (Komplexität I)

Variante 02

Die Spieler in den Dreiergruppen müssen jetzt indirekt zuwerfen, per Mini-Sprungkopfball zum nächsten Spieler köpfen bzw. mit dem Oberschenkel zu diesem passen. (Komplexität I)

Variante 03

Die Spieler in den Dreiergruppen müssen jetzt vor jedem Abspiel eine entsprechende Finte (Wurf-, Schuss- oder Kopfballfinte) durchführen. (Komplexität I)

Variante 04

Die Dreiergruppen müssen jetzt folgende Ballkombination durchführen: A wirft zu B, der köpft (auch per Mini-Sprungkopfball) zurück bzw. spielt direkt aus der Luft mit dem Fuß zurück und A fängt den Ball. A wirft zu C, der pritscht (auch per Mini-Sprungpritschen) zurück bzw. baggert zurück und A fängt den Ball. (Komplexität I)

10. Fuß- und Kopfpass (Komplexität II)

Lernziele

Nach Eigenvorlage Zielpass mit dem Fuß und dem Kopf durch ein Hindernis

Spiel

Auf Impuls sprintet der Spieler mit dem Ball in den Händen bis kurz vor das rechte kleine Horizontal-Hütchentor, durchpasst dieses nach Eigenvorlage direkt aus der Luft mit dem Fuß, umläuft es rechts, startet zum Ball, kontrolliert ihn, dribbelt zum und mit einer halben Drehung um das Umkehrhütchen, dribbelt wieder bis kurz vor das rechte kleine Horizontal-Hütchentor, nimmt den Ball mit den Händen auf, köpft ihn nach Eigenvorlage durch das rechte kleine Horizontal-Hütchentor, umläuft es rechts, startet zum Ball, kontrolliert ihn, dribbelt zum Starthütchen zurück, nimmt den Ball wieder mit den Händen auf, übergibt ihn dem zweiten Spieler und läuft hinter seine Reihe.

Geräte und Organisation

Fünf Hütchen, ein Ball
Bei jeder Mannschaft steht vor dem linken Starthütchen ein Spieler mit dem Ball in den Händen und hinter dem Starthütchen stehen bis zu neun Spieler in Reihe. Genau in der Mitte zwischen dem Starthütchen und dem Umkehrhütchen stehen zwei kleine Horizontal-Hütchentore direkt nebeneinander.

Hinweise

Gerade im Grundschulbereich ist der beidhändige Schockwurf die sicherste und genaueste Eigenvorlage!
Die Spieler sollen beim Köpfen die Augen offen halten und den Ball mit der Stirn treffen!
Die Spieler sollen das Umkehrhütchen in einem engen Radius umdribbeln, dürfen es dabei aber nicht berühren!
Die Spieler sollen in etwa gleich oft das rechte und linke kleine Horizontal-Hütchentor zweimal in Folge umlaufen!

Variante 01

Die Spieler müssen jetzt zweimal nach Eigenvorlage direkt aus der Luft mit dem Fuß durch das rechte kleine Horizontal-Hütchentor passen. (Komplexität II)

Variante 02

Die Spieler müssen jetzt zweimal nach Eigenvorlage durch das rechte kleine Horizontal-Hütchentor köpfen. (Komplexität II)

Variante 03

Die Spieler müssen jetzt zweimal nach Eigenvorlage direkt aus der Luft mit dem Oberschenkel durch das rechte kleine Horizontal-Hütchentor passen. (Komplexität II)

Variante 04

Die Spieler müssen jetzt das rechte kleine Horizontal-Hütchentor zweimal mit Nachstellschritten umspringen bzw. dieses zweimal vorwärts oder rückwärts durchlaufen. (Komplexität II)

Variante 05

Die Spieler müssen jetzt das Außenhütchen des rechten kleinen Horizontal-Hütchentores zweimal überlaufen bzw. zweimal mit einer ganzen Drehung umlaufen. (Komplexität II)

01. Slalomprellen und Dribbeln (Komplexität II)

Lernziele

Slalomprellen mit Prellhandwechsel, sicheres geradliniges Dribbeln

Übungsaufgabe

Die Spieler prellen vom Starthütchen aus zur Reifenbahn, durchprellen diese im Slalom, umprellen den letzten Reifen mit einer halben Drehung, legen den Ball zu Boden, dribbeln rechts bzw. links neben der Reifenbahn zurück, vermindern an deren Ende das Dribbeltempo und dribbeltraben hinter die Spielerreihe.

Geräte und Organisation

Ein Hütchen, sechs Reifen, ein Ball je Spieler
Der erste Spieler steht mit seinem Ball in der Hand direkt vor dem Starthütchen. Die weiteren Spieler stehen ebenfalls mit je einem Ball in der Hand in Reihe dahinter. Etwa zwei Meter vor dem Starthütchen ist eine Reifenbahn mit sechs Reifen in Reihe und auf Lücke ausgelegt.

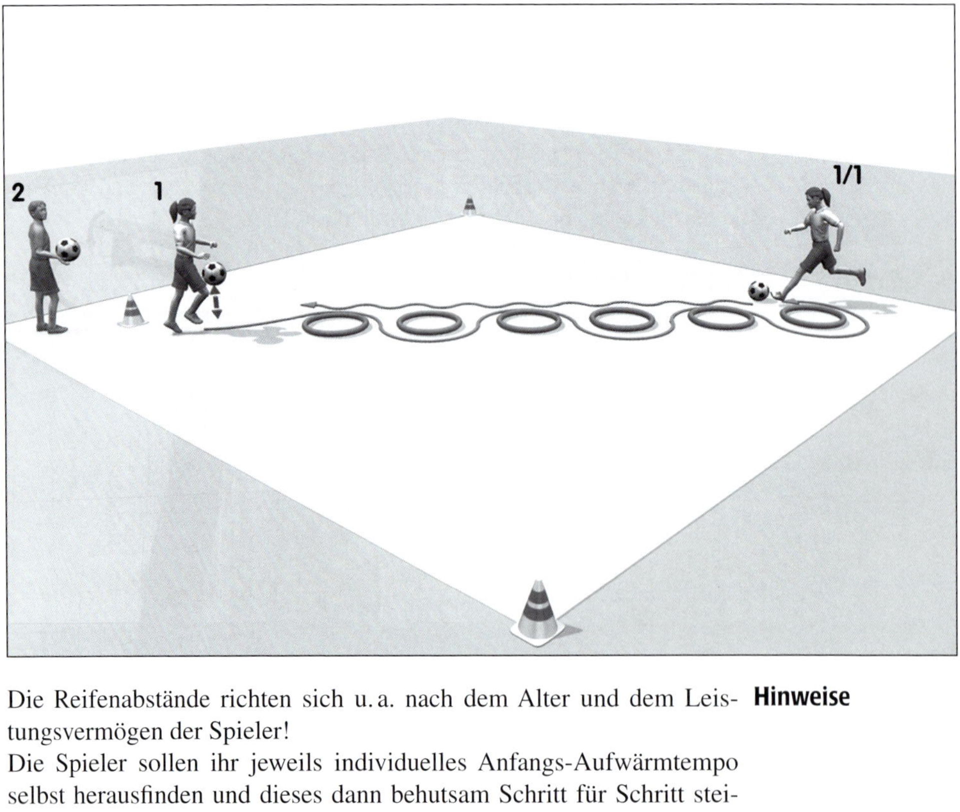

Hinweise

Die Reifenabstände richten sich u.a. nach dem Alter und dem Leistungsvermögen der Spieler!
Die Spieler sollen ihr jeweils individuelles Anfangs-Aufwärmtempo selbst herausfinden und dieses dann behutsam Schritt für Schritt steigern!

Hinweise

Die Spieler sollen in etwa gleich oft nach rechts mit der rechten Hand und nach links mit der linken Hand in die Reifenbahn hineinprellen!
Der Prellhandwechsel in der Reifenbahn soll rhythmisch und geschmeidig sein!
Die Spieler dürfen die Reifen zu keinem Zeitpunkt mit dem Ball oder einem Körperteil berühren!
Die Spieler sollen immer darauf achten, dass beim Üben keine Staus entstehen!

Variante 01

Die Spieler müssen jetzt auf dem Rückweg den Ball einmal kurz mit einer Hand oder dem Dribbelknie antippen, eine Schussfinte oder eine schnelle ganze Drehung mit dem Ball am Fuß durchführen, den Ball einmal kurz mit der Fußsohle abstoppen bzw. diesen vorspielen, nachstarten und kontrollieren. (Komplexität II)

Variante 02

Die Spieler müssen jetzt die Reifenbahn mit Nachstellschritten (mit und ohne Führbeinwechsel) bzw. im Hopserlauf im Slalom durchprellen. (Komplexität II)

Variante 03

Die Spieler müssen jetzt rechts oder links an den Reifen vorbeilaufen und im steten Wechsel mit jeweils nur einem Bodenkontakt durch die Reifen und Lücken prellen bzw. mit jeweils nur einem Bodenkontakt von Lücke zu Lücke über die Reifen prellen. (Komplexität II)

02. Minitrampolin-Zielwurf (Komplexität II)

Lernziele

Zielwerfen, Ballkontrolle direkt aus der Luft mit dem Fuß

Übungsaufgabe

Die Spieler zielwerfen vom Starthütchen aus im beidhändigen Schockwurf auf die Absprungfläche des Minitrampolins, umlaufen es, kontrollieren den Ball mit dem Fuß möglichst direkt aus der Luft und mit einer halben Drehung und dribbeltraben hinter die Spielerreihe.

Geräte und Organisation

Ein Hütchen, ein Minitrampolin, ein Ball je Spieler
Der erste Spieler steht mit seinem Ball in der Hand direkt vor dem Starthütchen. Die weiteren Spieler stehen ebenfalls mit je einem Ball in der Hand in Reihe dahinter. Etwa ein bis zwei Meter vor dem Starthütchen steht ein Minitrampolin „den Berg hinunter“.

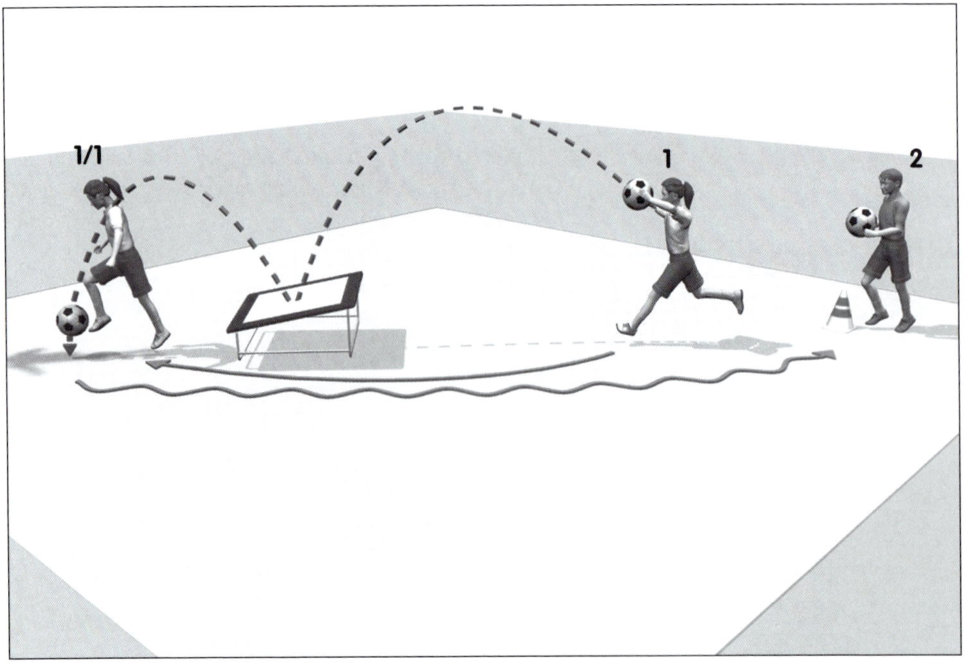

Hinweise

Der Abstand vom Starthütchen zum Minitrampolin richtet sich u. a. nach dem Alter und dem Leistungsvermögen der Spieler!
Die Spieler sollen Bälle wählen, die gut vom Minitrampolin abspringen!
Die Spieler sollen in etwa gleich oft den Ball direkt aus der Luft mit dem rechten und dem linken Fuß kontrollieren!

Hinweise

Die Spieler sollen in etwa gleich oft das Minitrampolin rechts und links umlaufen!
Gerade für Kinder ist der beidhändige Schockwurf der sicherste und genaueste Zielwurf!

Variante 01

Die Spieler müssen jetzt den Ball direkt aus der Luft mit dem Oberschenkel bzw. mit der Brust kontrollieren. (Komplexität II)

Variante 02

Die Spieler müssen jetzt nach Eigenvorlage auf die Absprungfläche des Minitrampolins zielpritschen bzw. zielbaggern. (Komplexität II)

Variante 03

Die Spieler müssen jetzt auf dem Rückweg mit dem Ball am Fuß eine ganze Drehung durchführen, eine Schussfinte antäuschen bzw. den Ball je einmal kurz mit der rechten und der linken Fußsohle abstoppen. (Komplexität II)

Variante 04

Die Spieler müssen jetzt das Minitrampolin auf dem Rückweg einmal ganz umdribbeln. (Komplexität II)

Variante 05

Die Spieler müssen jetzt den Ball auf dem Rückweg vorspielen bzw. vorlupfen, nachstarten und diesen dann noch vor dem Starthütchen kontrollieren. (Komplexität II)

03. Klettertau-Slalomdribbeln (Komplexität II)

Lernziele

Slalomdribbeln mit Dribbelbeinwechsel, sicheres und schnelles Prellen

Übungsaufgabe

Die Spieler dribbeln vom kleinen Start-Hütchentor aus zu den Klettertauen, durchdribbeln diese im Slalom, nehmen den Ball mit den Händen auf, führen eine halbe Drehung durch und prellen auf dem Rückweg an den Klettertauen vorbei.

Geräte und Organisation

Eine Klettertauanlage, zwei Hütchen, ein Ball je Spieler

Der erste Spieler steht mit einem Ball am Fuß im kleinen Start-Hütchentor. Die weiteren Spieler stehen ebenfalls mit je einem Ball am Fuß in Reihe dahinter. Etwa fünf Meter vor dem kleinen Start-Hütchentor befindet sich die Klettertauanlage.

Hinweise

Vor allem Grundschülern macht es großen Spaß, Klettertaue zu umdribbeln bzw. zu umprellen!

Die Spieler sollen die Klettertaue beim Umdribbeln bzw. beim Umprellen weder mit dem Ball noch mit dem Körper berühren. Geschieht dies dennoch, kann es durch die schwingenden Klettertaue zu koordinativen Schwierigkeiten kommen!

Hinweise

Die kurz aufeinander folgenden Klettertaue provozieren bei den Spielern ein extrem enges Slalomdribbling mit rhythmischen Dribbelbeinwechseln!
Mit bewusst zum Schwingen gebrachten Klettertauen sind sehr interessante Bewegungsaufgaben mit und ohne Ball möglich!

Variante 01

Die Spieler müssen jetzt auf dem Hinweg im Slalom durch die Klettertaue prellen und auf dem Rückweg an den Klettertauen entlang dribbeln. (Komplexität II)

Variante 02

Die Spieler müssen jetzt beim Slalomprellen jeweils mit der Innenhand kurz und ganz weich die Klettertaue antippen. (Komplexität II)

Variante 03

Die Spieler müssen jetzt auf dem Hinweg den Ball rechts oder links mit dem Fuß an den Klettertauen vorbeispielen, diese im Slalom durchlaufen und dann den Ball kontrollieren. (Komplexität II)

Variante 04

Die Spieler müssen jetzt auf dem Hinweg den Ball rechts oder links mit der Hand an den Klettertauen vorbeidrücken, diese im Slalom mit Nachstellschritten durchspringen und dann den Ball nach möglichst wenigen Bodenkontakten fangen. (Komplexität II)

Variante 05

Die Spieler müssen jetzt auf dem Hinweg alle vier Taue einmal mit einer ganzen Drehung umdribbeln. (Komplexität II)

Variante 06

Die Spieler müssen jetzt auf dem Hinweg alle vier Taue einmal mit einer ganzen Drehung umprellen. (Komplexität II)

Variante 07

Die Spieler müssen jetzt auf dem Hinweg beim Slalomdribbling alle vier Taue einmal kurz, weich und regelgerecht mit der Innenschulter rempeln. (Komplexität II)

04. Kasten köpfen (Komplexität I)

Lernziele

Kopfball nach Eigenvorlage in ein Zielobjekt hinein, sicheres Prellen

Übungsaufgabe

Der erste Spieler prellt vom kleinen Start-Hütchentor aus bis zur Abköpflinie, wirft sich den Ball kurz hoch, zielköpft in den offenen Kasten, läuft rechts oder links an ihm und am Kastenoberteil vorbei und bleibt dann nach einer halben Drehung hinter dem Kastenoberteil stehen.

Geräte und Organisation

Vier Hütchen, ein großer Kasten, ein Ball je Spieler
Der erste Spieler steht mit seinem Ball in der Hand im kleinen Start-Hütchentor. Die weiteren Spieler stehen ebenfalls mit je einem Ball in der Hand in Reihe dahinter. Etwa fünf Meter vor dem ersten Spieler steht ein zweites kleines Hütchentor als Abköpflinie. Etwa zwei Meter vor diesem steht ein offener großer Kasten quer und direkt dahinter liegt das Kastenoberteil (mit dem Polster nach oben) quer.

Hinweise

Der Abstand von der Abköpflinie bis zum offenen großen Kasten bzw. die Höhe des offenen großen Kastens (Anzahl der Kastenzwischenteile) richtet sich u. a. nach dem Alter und dem Leistungsvermögen der Spieler!
Die Spieler sollen in etwa gleich oft mit der rechten und linken Hand prellen!
Die Spieler sollen beim Zielkopfball die Augen offen lassen und den Ball mit der Stirn treffen!
Technisch richtige Kopfstöße kommen aus der gesamten Körperschlinge!
Gerade im Grundschulbereich soll mit leichten Bällen geköpft werden!
Nach jedem Durchgang holen die Spieler in Reihe ihren Ball aus dem offenen Kasten heraus. Dabei dient das Kastenoberteil vor allem Grundschülern als Aufstiegshilfe!
Zielübungen mit dem Ball machen vor allem Grundschülern großen Spaß. Dies trifft besonders dann zu, wenn diese als Wettbewerb durchgeführt werden!

Variante 01

Die Spieler müssen jetzt den Ball per Mini-Sprungkopfball in den offenen Kasten befördern bzw. sie müssen diesen indirekt in den offenen Kasten köpfen. (Komplexität II)

Variante 02

Die Spieler müssen jetzt den Ball nach Eigenvorlage direkt aus der Luft mit dem Fuß bzw. mit dem Oberschenkel in den offenen Kasten schießen. (Komplexität II)

Variante 03

Die Spieler müssen jetzt direkt aus dem Prellen heraus den Ball in den offenen Kasten köpfen bzw. schießen. (Komplexität II)

Variante 04

Die Spieler passen jetzt vom kleinen Start-Hütchentor aus mit dem Fuß bis zur Schmetterlinie, starten nach, nehmen dort den Ball sofort mit den Händen auf, werfen sich den Ball mit einer Hand kurz hoch und schmettern diesen mit der anderen Hand im Bogen in den offenen großen Kasten. (Komplexität II)

Variante 05

Die Spieler müssen jetzt den Ball als Korbleger (Wurftechnik auf den Basketballkorb), per Mini-Sprungschmetterball nach Eigenvorlage bzw. durch Baggern (ebenfalls nach Eigenvorlage) in den offenen Kasten befördern (Komplexität II)

Legende

Hier werden die wichtigsten Symbole der in diesem Buch beschriebenen und skizzierten 62 Ballspiele und Übungsformen vorgestellt. Alle anderen Symbole können sofort und ohne Schwierigkeiten in den einzelnen Skizzen erkannt werden.

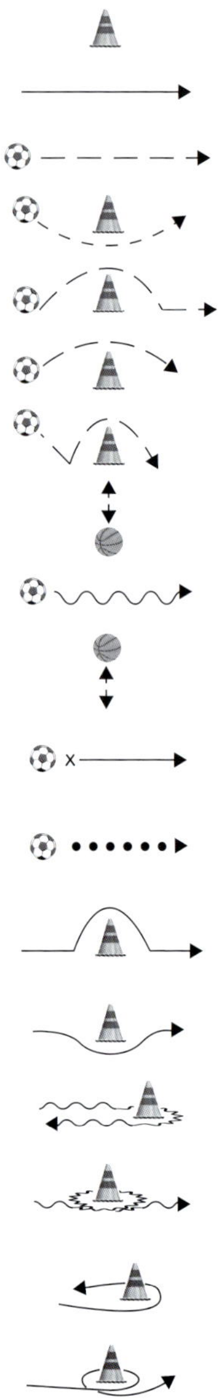

- Hütchen
- Laufweg
- Pass gerade
- Seitlicher Effetpass
- Gelupfter Pass
- Halbhoher bis hoher Pass, Zuwurf, Schmetterball u. a.
- Indirekter Pass
- Den Ball hochwerfen und wieder fangen u. a.
- Dribbling mit dem Fuß
- Prellen mit der Hand bzw. mit den Händen
- Pass- bzw. Torschussfinte nach vorne
- Den Ball mit der Hand rollen bzw. ein wegrollender Ball
- Ein Hindernis überlaufen bzw. überspringen
- Ein Hindernis rechts oder links umlaufen
- Ein Hindernis mit einer halben Drehung umdribbelt
- Ein Hindernis mit einer ganzen Drehung umdribbelt
- Ein Hindernis mit einer halben Drehung umlaufen
- Ein Hindernis mit einer ganzen Drehung umlaufen

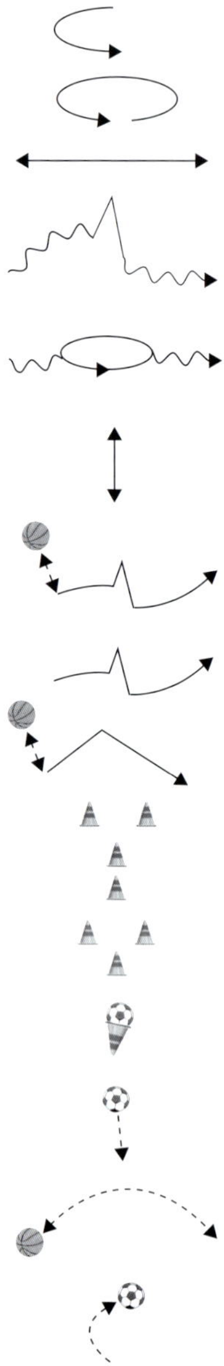

- Eine halbe Drehung durchführen
- Eine ganze Drehung durchführen
- Verschieben
- Aus dem Dribbling heraus einen Gegner mit einer Ballfinte rechts oder links umspielen
- Aus dem Dribbling heraus mit dem Ball am Fuß ein schnelle ganze Drehung durchführen
- Auf der Stelle laufen, einbeinig bzw. beidbeinig springen, federn o. a.
- Aus dem Prellen heraus einen Gegner mit einer Finte rechts oder links umspielen
- Einen Gegner mit einer Finte rechts oder links umlaufen
- Prellen mit Richtungswechsel
- Ein kleines Horizontal-Hütchentor
- Ein kleines Vertikal-Hütchentor
- Ein Hütchendreieck
- Ein Hütchen ("Eistüte") mit einem Ball ("Eiskugel") darin
- Einen Ball mit dem Fuß bzw. dem Oberschenkel direkt aus der Luft kontrollieren
- Einen Ball hin und her spielen (z. B. den Ball zuwerfen, zurückköpfen und dann fangen!)
- Eine Eigenvorlage mit der Hand, dem Fuß o. a. zum Köpfen, Pritschen, Baggern o. a.

Anhang

Literaturverzeichnis
Danksagung

Literaturverzeichnis

Aagaard, P. & Skovsgaard, E. (1983). *Mini-Handball*. Schorndorf: Hofmann.

Apfel, R., Bauer, G., Bögle, R. & und 17 weitere Autoren (2002). *Auf- und Abwärmen ... aber richtig!*. München: Bayerische Landesstelle für den Schulsport.

Bachmann, E. & Bachmann, M. (2005). *1005 Spiel- und Übungsformen im Volleyball und Beachvolleyball* (10. Aufl.). Schorndorf: Hofmann.

Bauer, C., Sigl, G., Keim, S., Kratzert, U. & Iberl, P. (2003). *Basketball aktuell*. München: Bayerische Landesstelle für den Schulsport.

Bauer, G. (1974). *Fußball perfekt: Vom Anfänger zum Profi*. München: BLV.

Baumberger, J. (1999). *704 Spiel- und Übungsformen im Handball*. Schorndorf: Hofmann.

Bisanz, G. & Gerisch, G. (1979). *Mini-Fußball*. Berlin: Bartels & Wernitz.

Bisanz, G. & Gerisch, G. (1988). *Fußball: Training, Technik, Taktik*. Reinbek: Rowohlt.

Bisanz, G. (DFB) & Vieth, N. (1995). *Fußball von morgen Band 1 Grundlagen- und Aufbautraining*. Münster: Philippka.

Bischops, K. & Gerards, H. W. (1989). *Tipps für Spiele mit dem Fußball*. Aachen: Meyer & Meyer.

Bischops, K. & Gerards, H. W. (1999). *Kinder- und Jugendfußball*. Aachen: Meyer & Meyer.

Bischops, K. & Gerards, H. W. (2002). *Fußball Konditionstraining Die neue Methode*. Aachen: Meyer & Meyer.

Bomers, H. (1998). *Fußball Spiele mit dem Ball*. Aachen: Meyer & Meyer.

Braun, R., Goriss, A. & König, S. (2004). *Doppelstunde Basketball*. Schorndorf: Hofmann.

Brüggemann, D. & Albrecht, D. (1986). *Schulfußball*. Schorndorf: Hofmann.

Brüggemann, D. (1989). *Kinder- und Jugendtraining*. Schorndorf: Hofmann.

Brugger, L., Schmid, A. & Bucher, W. (2004). *1000 Spiel und Übungsformen zum Aufwärmen*. Schorndorf: Hofmann.

Bruggmann, B. (2002). *1009 Spiel und Übungsformen im Fußball*. Schorndorf: Hofmann.

Bruggmann, B. (2005). *1020 Spiel- und Übungsformen im Kinderfussball*. Schorndorf: Hofmann.

Bucher, W. & Wick, G. (2001). *1016 Spiel- und Übungsformen für Sportarten mit Zukunft*. Schorndorf: Hofmann.

Bucher, W. (2002). *Spiel- und Kombinationsformen in vielen Sportarten*. Schorndorf: Hofmann.

Büngers, B. (2002). *100 tolle Sport- und Bewegungsspiele 3. und 4. Schuljahr*. Donauwörth: Auer.

Büngers, B. (2003). *100 tolle Sport- und Bewegungsspiele 1. und 2. Schuljahr*. Donauwörth: Auer.

Büngers, B. (2004). *Sport 1./2. Klasse Band 1*. Horneburg: Persen.

Büngers, B. (2004). *Sport 1./2. Klasse Band 2*. Horneburg: Persen.

Buschmann, J., Pabst, K. & Bussmann, H. (2002). *Koordination Das neue Fußballtraining*. Aachen: Meyer & Meyer.

Dietrich, K. (1984). *Fußball spielgemäß lernen – spielgemäß üben*. Schorndorf: Hofmann.

Döbler, E. & Döbler, H. (1988). *Kleine Spiele*. Berlin: Volk und Wissen.
Dürrwächter, G. (2000). *Volleyball – Spielend lernen – Spielend üben*. Schorndorf: Hofmann.
Frank, G. & Eckers, B. (2001). *Bewegungsförderung für Kinder*. Wiebelsheim: Limpert.
Fröhner, B. (1988). *Spiele für das Volleyballtraining*. Berlin: Sportverlag.
Grage, W. (2002). *Handballtraining Trainieren – Spielen – Gewinnen*. Aachen: Meyer & Meyer.
Hagedorn, G., Niedlich, D. & Schmidt, G. (1995). *Basketball-Handbuch*. Reinbek: Rowohlt.
Hahn, E. (1982). *Kindertraining, Probleme, Trainingstheorie, Praxis* (S. 52–57). München: BLV.
Hamsen, G. & Daniel, J. (1990). *Fußball Jugendtraining*. Reinbek: Rowohlt.
Harre, D. (1973). *Trainingslehre* (S. 231). Berlin: Sportverlag.
Käsler, H. (1982). *Das Training des jugendlichen Handballers*. Schorndorf: Hofmann.
Karbe, S., Löscher, A. & Döring, F. (1986). *Volleyball Anleitung für den Übungsleiter*. Berlin: Sportverlag.
Kaufhold, S. (2002). *Sportstunden – schnell und klar*. Horneburg: Persen.
Kerkmann, K. & Koch, K. (1979). *Kleine Parteispiele*. Schorndorf: Hofmann.
Kerkmann, K. & Koch, K. (1990). *Wir spielen in der Grundschule*. Schorndorf: Hofmann.
Koch, K. (1996). *Kleine Sportspiele*. Schorndorf: Hofmann.
König, S. & Eisele, A. (2002). *Handball unterrichten*. Schorndorf: Hofmann.
Köckenberger, H. (1999). *Bewegungsspiele mit Alltagsmaterial*. Dortmund: borgmann publishing.
Konzag, I. & Konzag, G. (1975). *Übungsformen für die Sportspiele*. Berlin: Sportverlag.
Kröger, C. & Roth, K. (2002). *Ballschule - Ein ABC für Spielanfänger*. Schorndorf: Hofmann.
Lammich, G. (1974). *Spiele für das Fußballtraining*. Berlin: Sportverlag.
Lang, H. (2000). *Spielen - Spiele - Spiel*. Schorndorf: Hofmann.
Löscher, A. (1989). *Kleine Spiele für viele*. Berlin: Sportverlag.
Loibl, J. (2004). *Basketball*. Schorndorf: Hofmann.
Martin, D., Nicolaus, J., Ostrowski, C. & Rost, K. (1999). *Handbuch Kinder- und Jugendtraining*. Schorndorf: Hofmann
Moosmann, K. (2003). *Kleine Aufwärmspiele*. Wiebelsheim: Limpert.
Papageorgiou, A. & Spitzley, W. (2002). *Volleyballgrundlagen*. Aachen: Meyer & Meyer.
Rammler, H. & Zöller, H. (2000). *Kleine Spiele – wozu?*. Wiebelsheim: Limpert.
Roth, K., Kröger, C. & Memmert, D. (2002). *Ballschule Rückschlagspiele*. Schorndorf: Hofmann.
Schmidt, W. (2004). *Fußball*. Schorndorf: Hofmann.
Schröder, J. & Bauer, C. (2002). *Basketball trainieren und spielen*. Reinbek: Rowohlt.
Trosse, H. (1988). *Handball*. Reinbek: Rowohlt.
Trosse, H. (1990). *Handballpraxis*. Reinbek: Rowohlt.
Vary, P. (2002). *1006 Spiel- und Übungsformen im Basketball*. Schorndorf: Hofmann.

Vary, P. (2004). *137 Basisspiel- und Basisübungsformen für Basketball, Fußball, Handball, Hockey und Volleyball*. Schorndorf: Hofmann.

Vogt, U. (1986). *Minibasketball in der Schule und im Verein*. Schorndorf: Hofmann.

Wagner, H. (2004). *Workies 5 Spielen mit Schlägern und Bällen*. Donauwörth: Auer.

Watzinger, K. (2002). *Handball aktuell Neue Konzepte für den Schulsport*. München: Bayerischer Handball-Verband.

Weineck, J. (2002). *Optimales Trainining* (S. 645–652). Balingen: Spitta.

Danksagung

Ich möchte mich von ganzem Herzen bei Herrn Prof. Dr. Klaus Roth, Direktor des Instituts für Sport und Sportwissenschaft der Universität Heidelberg, für die wunderbare Zusammenarbeit bedanken. Er gab mir die Chance, dieses Buch zu schreiben, vermittelte mir wertvolle Tipps und Anregungen, ermunterte mich, korrigierte alle meine Unterlagen und stand mir auf großartige Weise mit Rat und Tat zur Verfügung. Ohne ihn wäre das Buch in dieser Form nie zustande gekommen.

Forchheim, den 1. Januar 2005

Hugo Scherer